인간을 움직이게 하는 강력한 에너지

MOTIVATION

모티베이션 10.0

무엇이 나를 움직이게 하는가?

모티베이션 10.0

초판 1쇄	2017년 09월 25일
지은이	안은정 · 장대련
일러스트	이동준
발행인	김재홍
디자인	이근택
교정 · 교열	김진섭
마케팅	이연실
발행처	도서출판 지식공감
등록번호	제396-2012-000018호
주소	경기도 고양시 일산동구 견달산로225번길 112
전화	02-3141-2700
팩스	02-322-3089
홈페이지	www.bookdaum.com
가격	15,000원
ISBN	979-11-5622-315-3 03190
CIP제어번호	CIP2017024238

이 도서의 국립중앙도서관 출판예정도서목록(CIP)은 서지정보유통지원시스템 홈페이지(http://seoji.nl.go.kr)와 국가자료공동목록시스템(http://www.nl.go.kr/kolisnet)에서 이용하실 수 있습니다.

Money · Object · Temptation · Incentive · Values · Approach & avoidance · Target · Image · Origin · Nature

인간을 움직이게 하는 강력한 에너지

MOTIVATION
모티베이션
10.0

| 안은정 · 장대련 |

" 무엇이 나를 움직이게 하는가? "

지식공감 도서출판

MOTIVATION 10.0

M money
O object
T temptation
I incentive
V values
A approach & avoidance
T target
I image
O origin
N nature

| 프롤로그 |

무엇이 나를 움직이게 하고
그것을 지속하게 하는가?

　여기 한 젊은이가 죽어서 신과 대면하게 되었다. 신은 온화한 모습으로 젊은이에게 원하는 것을 물었다. 젊은이는 평소에 갖지 못했던 멋진 집과 스포츠카를 원했다. 신은 흔쾌히 수영장이 딸린 대저택과 최신 스포츠카를 주면서 언제든 필요한 것이 있으면 찾아오라고 했다. 신이 난 젊은이는 대저택에서 호화로운 생활을 하며 스포츠카를 타고 신나게 놀았다.

　조금 무료해진 젊은이는 신을 찾아 예쁜 여자 친구를 부탁했다. 신은 동서양 최고의 미녀들을 여자 친구로 보내주었다. 아름다운 미녀에 둘러싸인 젊은이는 향락의 세월을 보냈고 술과 기름진 음식에 취한 그는 살이 점점 찌기 시작했다.

　다시 신을 찾은 젊은이는 운동을 할 수 있도록 부탁했다. 하지만 신은 운동 대신에 운동으로 다져진 멋진 몸을 주었다. 그는 땀 한 방울도 흘리지 않고 멋진 몸을 가질 수 있어 신기하고 즐거웠다.

　향락에 오랜 세월을 보낸 그는 더욱 무료함을 느껴 읽을 수 있는 책과 공부할 수 있는 도구를 신에게 부탁하였다. 신은 책과 도구 대신에 그에게 명석한 두뇌와 풍부한 지식을 주었다. 그는 책 한 장 보지 않아도 아주 박식한 사람이 되어 있었다.

젊은이는 스스로 원하기만 하면 다 이루어지는 세상에 살고 있는 것이었다. 문득 젊은이는 자신의 노력 없이 주어지는 것들에 대해 불편을 느끼기 시작했다. 그는 신에게 찾아가 작은 일이라도 좋으니 자기 스스로 해보겠다고 제안했다. 하지만 신은 단호했다. 필요한 것은 무엇이든 줄 테니 스스로 찾을 생각은 하지 말라는 것이었다. 갑자기 답답함과 무료함이 엄습해 온 젊은이는 신에게 간곡히 부탁했다. 잠깐이라고 좋으니 작은 나무라도 한 그루 내 손으로 심게 해 달라고, 아니면 저녁 식사라도 내가 손수 만들 수 있게 도와달라고 말이다.

신은 그의 부탁 대신에 멋진 정원과 최고급 요리사를 주었다. 그 젊은이는 스스로 할 수 있는 것이 하나도 없었다. 시간이 멈춘 듯한 적막감을 견디지 못한 젊은이는 신에게 가서 항변했다.

"난 여기가 싫으니 차라리 날 지옥으로 보내 달라."

그 외침을 들은 신은 이렇게 대답했다.

"어리석은 인간아! 넌 여기가 천국인 줄 알았더냐."

인간에게 있어 쾌락은 처음엔 큰 만족으로 다가오지만,
점점 만족은 감소되고 나중엔 자주 하다 보면 심지어 고통이 된다.
– 지그문트 프로이트, 심리학자

세상에 모든 것들이 다 주어진다면 '동기' 즉 '모티베이션'이란 말은 애당초 생기지도 않았을 것이다. 목마름이란 갈증이 물을 찾게 되는 동기로 이어지고 배고픔이란 허기가 빵을 만들게 되는 동기를 제공한다. 또한 예쁜 멋진 이성친구가 필요하기 때문에 미팅이나 소개팅을 하게 되고, 살찌고 탄력 없는 몸매가 싫기 때문에 헬스장에서 땀 흘리며 몸짱이 되기 위해 죽을힘을 다하는 것이다.

이렇듯 동기란 결핍에 의해 만들어진 인간의 욕구이다.

위의 이야기는 분명 허위이지만 동기가 없는 상태, 즉 무동기 상태가 얼마나 무료하고 견디기 힘든 상태인지를 체감하게 해 준다. 무릉도원이나 파라다이스로 언급되는 천국이란 어떤 곳일까? 증명할 수는 없지만, 최소한 노력한 만큼의 진실한 결과가 보장되는 세상이 아닐까 추측해 본다. 적어도 더 이상의 필요가 없는 세상은 아닐 것이란 확신은 있다. 왜냐면 결핍에 의한 필요는 인간을 스스로 움직이게 하는 힘의 원천이고 인간은 이 힘을 이용해서 즐거움과 가치를 찾기 때문이다. 이 힘은 인간이 움직이는 이유인 동시에 그것을 멈추지 않는 이유이기도 하다.

움직이는 이유인 동시에
그것을 멈추지 않는 이유

요즘 너나 할 것 없이 몸짱이 되고 싶어 한다. 남성은 초콜릿 복근을, 여성은 십일자 복근과 애플힙을 가지길 열망한다. 그중에 어떤 이는 식스팩을 자랑하는 섹시한 몸을 가졌는가 하면 다수는 그렇지 못하다. 바라는 마음은 같은데 사람마다 결과가 다른 것은 무엇 때문일까? 운동이 원하는 몸을 가져다주는 솔루션임을 알지만 실천하는 사람과 실천하지 않는 사람이 있다. 또한, 실천해도 지속적으로 하는 사람과 멈추는 사람, 또 열심히 하는 사람과 대충하는 사람이 있다. 무엇이 이런 차이를 만드는 것일까?

요즘 뇌섹남 뇌섹녀 이란 신조어가 유행하고 있다. 뇌가 섹시한 남자의 줄임말로 주관이 뚜렷하면서 유머러스하고 언변이 뛰어난 지적인 매력을 가진 남자 여자 를 가리킨다. 뇌가 섹시해지기 위해서는 어느 한 분야에 대한 전문화된 지식 및 다방면의 해박한 지식과 그것들을 연결하는 통찰을 가져야 한다. 다수의 사람이 뇌가 섹시한 매력적인 사람이 되기를 갈망한다. 하지만 그 사람들이 다 같이 열심히 노력하는 것은 아니다. 앞서 말한 운동의 예와 같이 공부도 마찬가지로 하는 사람과 하지 않는 사람, 열심히 하는 사람과 대충하는 사람, 지속적으로 하는 사람과 하다가 멈추는 사람들로 나누어진다. 왜일까? 좋다는 것을 아는 것과 열심히 하는 것과는 비례하지 않는 결과가 나오는 이유는 무엇일까? 다시 말해 동기는 있는데 누군가는 동기의 에너지가 크고 지속적이고, 누군가는 그렇지 못하다는 것이다.

무엇이 동기의 방향을 정하고, 무엇이 동기를 지속시키게 하는가? 이런 질문의 목적은 궁극적으로 인간의 존재 이유에 대한 질문으로 귀결된다. 왜 공부하는가? 왜 운동하는가? 왜 밤새워 공부하고? 왜 고통스럽게 뛰기를 멈추지 않는가? 그렇게 해서 어떤 존재가 될 것인가? 모티베이션에 대한 궁금증은 나 자신의 존재에 대한 확인과 예언을 가능케 해 줄 것이다. 또한, 나 자신을 보다 더 행복한 자아로 만들 수 있도록 도와줄 것이다. 결국엔 모티베이션을 통해 자율적으로 성숙하고 점진적으로 진화하는 자신을 발견하게 될 것이다. 모티베이션의 궁극의 목적은 자신을 최상의 마음상태가 유지될 수 있도록 행동하게 하고, 그 행동을 유지하게 하는 것이기 때문이다.

모티베이션 10.0이란?

들에 핀 꽃과 밤하늘의 별과 같이 무수히 많은 이유에 의해 인간은 행동한다. 또한, 그 행동의 강도와 기간을 스스로 정한다. 여기에서 행동의 목적은 행위의 방향을 의미하는 것이고 행동의 강도는 지속하고자 하는 에너지, 즉 힘을 의미하는 것이다. 그렇다면 행동의 방향과 에너지를 결정하는 요인들은 무엇일까?

앞서 언급한 공부로 돌아가 보자. 왜 공부를 하는가? 왜 점심시간이 훌쩍 지나서도 책을 보고 있는가? 왜 책을 사기 위해 새벽부터 줄을 서는가? 머리가 지끈거려도 왜 공부하기를 멈추지 않는가? 친구랑 차를 마시면서도 왜 공부 생각을 하는가? 왜 코피가 나는 것쯤은 대수롭지 않게 넘겨 가며 책에 열중하는가? 이런 물음에 대해 조심스럽게 답하기 위해 모티베이션 10.0을 제안하게 되었다.

모티베이션 10.0은 인간이 움직이는 이유와 그것을 지속하는 이유에 대한 통찰을 주고자 하는 목적을 가진다. 무엇이 행동의 이유이며, 무엇 때문에 그 행동의 강도가 변화하는가에 대한 궁극의 답에 접근하고자 만들어졌다. 우리는 행동 자체는 볼 수 있지만 왜 행동하는지, 왜 행동을 멈추

느지에 대해 분명하게 설명하기는 힘들다. 행동 뒤에 숨은 이유는 쉽게 관찰되지 않기 때문이다. 모티베이션 10.0은 행동 뒤에서 배후를 조작하는 원인을 찾고자 이론과 경험을 토대로 과학적이고 감성적으로 접근하였다.

MOTIVATION의 열 가지 알파벳의 각 첫 글자를 따서 인간을 움직이는 열 가지 동기에 대해 해석하였다. MOTI의 네 개의 첫머리 글자는 외부로부터 제시되는 외재적 동기에 관한 것이고, VAT의 세 개의 첫머리 글자는 동기가 가지는 지향적 경향성에 관한 것이고, ION은 내부로부터 뿜어져 나오는 내재적 동기에 관한 것이다. 또한, 모티베이션 10.0은 순차적으로 동기적인 영향력이 더 커지는 경향성을 띤다. 즉, M에서 N까지 위계적으로 정렬되어 있어 뒤로 갈수록 더 강렬하고 중요도 또한 높아진다.

이제 나 자신의 행동의 이유를 찾기 위한 여행의 서막을 올린다. 내가 행동하는 목적 무엇이 나를 움직이게 하는가 과 강도 무엇이 나의 행동을 지속하게 하는가 는 어디에서 나오는지? 모티베이션이란 여행을 통해 자신을 성찰하고 성숙시켜 스스로 성인 聖人 이 될 수 있기를 간절히 바란다.

2017년 7월 8일

안은정

차례

Part 2 관계에 의해 창조되는 융합적인 에너지

Part 3 내면에서 솟구치는 강렬한 에너지

Part 1
외부로부터 날아드는
매혹적인 에너지

인간을 움직이게 하고 그것을 유지 또는 멈추게 하는 힘은 어디에서 오는 것일까?

모티베이션의 에너지 근원을 찾는 일은 언뜻 보기에는 어려운 듯 보이나 행동과학 분야의 연구를 통해 객관적인 경험적 증거 제시가 가능하다.

Part 1에서 제시되는 모티베이션의 네 가지 요인은 동기에너지의 근원이 외부에서 활성화되어 인간 내부로 전달되는 것들이다. 즉 외부로부터 날아드는 매혹적인 에너지를 의미한다. 외부 에너지는 환경, 사회, 문화적인 근간을 두고 인간 내부로 침투하여 우리를 활성화 시키도록 유인하고 있다.

Part 1에서는 이러한 외재적 동기에는 어떤 것들이 있으며 이 요인들이 가지는 에너지의 방향과 강도에 대해 살펴본다.

MOTIVATION 10.0

M money ———————————————————————————————————

O object

T temptation

I incentive

V values

A approach & avoidance

T target

I image

O origin

N nature

Chapter 01

뭐니 뭐니 해도 머니?

Money

어느 코미디 토론 프로그램에서 돈과 관련된 주제로 열띤 토론이 펼쳐졌다.

"20년 후로 가는 알약을 먹으면 100억을 준다! 이 알약을 먹겠는가?"에 관한 찬반 토론이었다.

두 토론자는 대중을 설득시키기 위해 다양한 경우의 수를 제시하면서 토론을 펼쳤다. 알약을 먹겠다고 주장하는 토론자는 현재 경제의 어려움, 높은 실업률, 고령화에 따른 경제적 부담, 확률적으로 20년 후에 돈 100억을 모을 수 있는 가능성의 희박함 등을 제시하며 대중을 설득하였다.

알약을 먹지 않겠다고 주장하는 토론자는 젊음과 건강의 가치, 노력으로 얻는 기쁨, 다양한 경험으로 축적되는 지식과 통찰력, 젊은 시절의 추억의 중요성을 강조하며 시간과 경험의 중요성을 부각시켰다.

이 프로그램을 본 저자 또한 순간적으로 혼란을 겪어야 할 정도로 주제는 황당무계했지만, 한편으론 심도가 있었다. 사회자는 마무리 멘트로 '과거의 경험'과 '현재의 부유' 사이에서 양자택일을 강요하였다. 그 결과 '알약을 먹겠다'를 선택한 사람이 250명 58% 으로 '먹지 않겠다'의 182명 42% 보다 높은 비율로 나왔다. 결과는 충격적이었다. 더욱이 토론에 참가한 방청객들이 대다수가 젊은 계층이었다는 것이 더 충격적이었다.

결국엔 돈인가?

저자는 이 결과가 정확한 것인지를 좀 더 확인해 보고 싶었다. 그래서 무대를 대학 강의실로 옮겨서 경영학을 전공하는 대학생들을 대상으로 실험해 보았다. 방법은 먼저 논제를 던져 놓고 거수의 방법으로 찬반 의사를 나누었다. 그리고 서로 의견의 타당성을 주장하여 상대를 설득시키게 했다. 두 팀으로 구별된 학생들은 코미디 토론 프로그램에서 제시한 설득과 유사하게 토론이 진행되었고 30분의 열띤 토론을 마치고 다시 찬반 의사를 물었다. 그 결과의 수치는 조금 달랐지만, 알약을 먹겠다가 52%로 좀 더 높게 나왔다. 여기서도 결국엔 돈인가?

돈이 시간, 젊음, 경험이란 가치보다 앞서는 것일까? 호기심이 발동한 저자는 중소기업 CEO들의 모임에서 이와 똑같은 실험을 해 보았다. 이들의 평균 연령은 55세였고 90%가 남성이었다. 결과는 '알약을 먹지 않겠다'가 98%의 높은 비율로 나타났다. 물론 예측 가능한 수치였다. 20년 후에 이들의 평균 연령은 75세이기에 돈의 액수는 중요한 변수로 작용하지 않았던 것이다. 저자는 호기심이 발동되어 또 다른 논제를 제시했다. '만약에 당신이 20년 전으로 돌아가서 이 제안을 받는다면 알약을 먹을 것인가?' 즉, 평균 나이 35세로 돌아가 100억을 줄 테니 20년을 반납할 의사가 있는

지를 물었다. 결과는 알약을 먹지 않겠다가 94%로 월등히 높게 나왔다.

　지금의 대학생들과 나름 성공한 CEO들과의 결과의 차이는 어디에서 오는 것일까? 돈의 가치가 사람마다 다른 것인가?

　만약 액수를 더 부풀린다면 1,000억 결과가 다르게 나타날까? 만약 시간을 줄인다면 10년 다른 결과가 나올까? 돈 대신에 다른 가치 땅, 빌딩, 보물, 주식 등··· 단 100억 가치의 재산 를 제안한다면 어떠했을까? 이러한 시시콜콜한 의문점을 뒤로하고 여기에서는 돈의 가치에 대해서만 얘기해 보고자 한다.

돈이 좋아

돈이 좋다는 것은 말할 필요가 없다. 세상 사람들 가운데 길거리에 떨어진 100달러짜리 지폐를 그냥 지나칠 사람은 굉장히 드물 것이다. '뭐니 뭐니 해도 돈이 최고지!' 란 자본주의가 낳은 듯한 금전만능주의가 세상을 지배한다고 해도 과언이 아니다. 돈이면 다 될 것 같은 세상은 돈의 중요성을 강조하며 다다익선을 부르짖고 있다. 성공은 계좌 잔고와 비례하고 행복은 성공과 함수관계이기에 돈이 곧 행복을 가져다준다는 공식이 성립되는 세상이다.

물론 돈은 많은 것을 이룰 수 있게 해 준다. 우선 가장 기본적인 결핍을 해소해 준다. 목이 마를 때 물을 살 수 있게 해 주고, 배가 고플 때 음식을 제공해 주며, 추울 땐 따뜻한 옷과 포근한 잠자리를 제공해 준다. 더 나아가 푸짐하고 맛있는 요리와 음료들, 세련되고 청결한 집, 멋진 자가용, 유행 패션 아이템, 최신 게임기 등을 가지게 해주는 마술과 같은 것이다. 즉, 돈은 결핍을 채워주고 풍요의 세계로 인도해 준다.

사람들은 더 좋은 것들을 가지기 위해 더 많은 돈을 갈망하게 되고 자본주의는 돈에 대한 욕구를 더욱 발전시키기 위해 끊임없이 새롭고 멋지고 진귀한 것들로 사람들을 유혹하고 있다. 돈은 목마를 때는 물이 된다. 아플 때는 약이 된다. 배고플 때는 빵이 된다. 헐벗었을 때는 옷이 되며, 추울 때는 집이 된다. 매력적이지 못한 사람에게는 멋을 주고, 약자에게 때론 힘이 되어준다. 돈은 분명 좋은 것임에 틀림없다. 늘 그런 것만은 아니지만….

돈과 모티베이션

   신문을 돌리거나 접시를 닦거나 편의점에서 계산하거나 주유소에서 기름을 넣는 아르바이트생들에게 왜 여기서 이러고 있는가를 물어보면 뭐라고 대답할까? 좋은 직장을 구하기 위해 자격증을 따고 외국어를 공부하고 고된 인턴생활을 견디는 취업준비생들에게 왜 여기서 이러고 있는지를 물어본다면? 이직을 준비하거나 새로운 일자리를 찾거나 승진을 위해 노력하는 사회인들에게도 마찬가지 질문을 해 보자. 무엇 때문에 이러고 있는가? 아마도 다수의 의견이 돈을 벌기 위해서일 것이다.

   돈은 물질이지만 다양한 의미를 내포하고 있다. 월급, 용돈, 등록금, 연봉, 보상금, 축의금, 조의금, 위로금, 상금, 밥값 등 쓰임새와 의도에 따라 다양한 이름으로 불리고 있다. 돈이란 단어는 많은 사람들을 거쳐 돌고 돈다는 데서 유래했다고 한다. 같은 돈이지만 다른 가치와 용도로 사람들 사이에서 돌고 돌면서 다양한 기능을 하고 있다. 많은 사람들이 돈을 벌기 위해 움직인다. 또한, 지속적으로 돈을 벌기 위해 움직임을 멈추지 않는다. 분명 이런 차원에서 돈은 모티베이션의 중요한 요인이다.[1]

---

1 Skinner, B. F. (1938). The behavior of organisms. New york: Appleton-Century-Crofts.

돈이 제공하는 가치는 사소한 것에서부터 긴박하고 중요한 것에 이르기까지 막강한 영향력으로 행동을 지휘하고 있다. 하루에 아르바이트를 세 건 이상 하는 알바생, 영업왕이 되기 위해 노력하는 세일즈맨, 중요한 계약을 앞둔 비즈니스맨, 심지어는 도박판에서 일확천금을 꿈꾸는 도박꾼에 이르기까지 돈이란 존재의 막강한 에너지 덕에 무수한 사람들이 움직이고, 움직이고 또 움직이는 것이다. 앞서 언급하였듯이 돈은 분명 너무도 매력적이다. 오히려 돈 앞에서 초연한 사람은 진짜 초연한 것이 아니라, 초연한 척한다고 느낄 정도로 돈은 매력적이고 거부하기 힘든 유혹임엔 틀림없다.

> 돈은 충분히 매력적이기 때문에 인간을 움직인다.
>
> — 버러스 스키너, 행동주의 심리학자

그렇다면 돈과 모티베이션의 상관관계는 어떻게 풀어야 될까? 돈이 필요하기 때문에 움직인다? 그래서 움직이니 돈이 주어진다? 돈이 움직이는 이유, 즉 동기의 원인인지 결과인지에 대한 의문이 생긴다.

언뜻 보면 돈은 원인으로 비춰진다. 앞선 예시에서 보듯이 돈이 필요하기 때문에 즉, 돈의 결핍이 원인이기 때문에 그 결핍을 채우기 위해 돈을 벌기 위해 행동한다. 그렇다면 이러한 행동이 반드시 돈이 목적인 상황에서만 이루어지는 것일까?

단연코 아니다. 인간은 돈이 필요는 하지만 돈만을 위해서 움직이지는 않는다. 새벽에 신문을 돌리는 알바생을 살펴보자. 물론 그는 돈도 벌고,

더불어 새벽운동도 하고, 동네 지리도 배우고, 살도 빼고, 하루를 일찍 시작하고, 부모님도 돕는 등 여러 가지 복합적인 가치를 만들기 위해 움직일 수도 있다. 중요한 것은 개인의 생각인 것이다. 돈을 움직이는 이유의 선행요인으로만 작용한다고 생각한다면 삶은 너무 퍽퍽하지 않을까?

여러 가지 이유에 의해 움직이다 보니 돈이 결과적으로 주어지는 함수 관계는 전자의 생각보다는 좀 더 촉촉하고 윤기 나는 삶인 듯싶다. 그래서 옛말 틀린 것 하나 없다 했던가?

돈은 쫓아가는 것이 아니라 따라오게 하는 것이라고.

인간을 마치 동전을 넣어야 움직이는
기계처럼 보는 시각은 엄연히 존재하지만
새로운 패러다임의 제안이 절실히 필요하다.
– 앤드리스 졸트너스 in 하버드비즈니스 리뷰

돈의 덫

돈의 가치를 수평 연장선상의 양쪽 극단치에 두는 것은 굉장히 위험하다. 즉, 돈이 전혀 필요 없다는 생각도, 돈이 가장 중요하다는 생각도 둘 다 위험하다. 전자의 경우는 생산적인 일을 하려는 경향이 거의 없는 긍정과 낙천을 넘어선, 무책임한 낙관론자일 확률이 높다. 반대로 후자인 경우는 돈이라면 무슨 일이라도 다 할 수 있는 사람이다. 보다 더 큰 가치를 생산하기 위해 올바른 방향으로 전진하다가도 좀 더 쉽고 빠르고 더 큰돈이 주어진다면 선뜻 방향을 바꿀 수 있는 사람인 것이다.

매일 뉴스를 통해 심심찮게 접하는 사건/사고들이 이런 경향의 사람들에 의해 자행되는 것을 많이 본다.

그렇다면 돈의 가치를 수평선상의 어디쯤에 두는 것이 좋을까?

그 물음에 대한 답은 행위를 촉발시키는 경우나 사건이 일시적이고 즉흥적이냐? 혹은 장기적이고 계획적이냐에 따라 다르다.

다시 공부의 상황으로 돌아가 보자. 부모의 입장에서 자녀가 공부를 잘해서 좋은 시험성적을 받아오고 원하는 대학에 들어가고 적성을 살려서 좋은 직장을 구해서 행복하길 바랄 것이다. 자녀가 코앞에 닥친 중간고사를 잘 치는 것에서부터 장기적으로 좋은 직장을 구해 행복해지는 여정은 길고도 험한 과정이다. 하지만 이 과정에서 돈이 줄 수 있는 효용은 목적에 도달하는 기간에 따라 다르게 매겨진다. 즉, 눈앞의 중간고사를 잘 치르기 위해 부모가 제안하는 돈, 예를 들어 특별 상여금을 주거나 용돈을 인상해 주겠다는 제안은 동기를 촉발시키기에 충분하다. 더 나아가 하루에 영어단어 외우는 개수에 따라 지급되는 용돈의 양이 다르다면 더욱 동기를 활성화시킬 확률이 높을 것이다. 실제로 많은 부모들이 이와 같은 제안으로 독서량을 늘리거나 학원에 가게 하거나 문제집을 풀게 하는 경우가 많다. 하지만 목표에 도달하는 기간이 길 경우는 돈으로 동기부여된 가치는 돌보다 못한 독이 되는 경우가 많다.

책을 읽을 때마다 돈을 지급 받던 자녀가 돈을 받지 않았을 때도 책을 읽을 확률은 얼마나 될까? 아니, 구체적 수치를 떠나 확률이 높아질까? 똑같을까? 아니면 낮아질까? 많은 사회과학에서 이루어진 실험을 토대로 답은 쉽게 설명될 수 있다. 현저히 낮아진다는 것이다. 즉, 돈의 지급이 중단된 상태에서는 본연의 흥미 또한 중단된다는 것이다.

마을 한 공터에서 아이들이 모여 시끄럽게 축구놀이를 하고 있었다. 근처에 사는 한 할아버지는 매일같이 찾아오는 아이들이 만들어내는 소음과 먼지가 너무나도 싫었다. 그래서 할아버지는 어떻게 해야 아이들이 기분 나쁘지 않게 여기에 찾아오지 않게 할 것인가를 고민했다. 할아버지는 아이들이 집 앞 공터에 올 때마다 찾아가서 "너희들이 여기에 와서 놀아주니 너무 보기에 좋고 행복하다." 하면서 아이들에게 각각 2달러씩을 주었다. 아이들은 신나 하며 즐겁게 축구를 하였다. 며칠을 그렇게 하다가 어느 날 할아버지는 "내가 돈이 좀 모자라서 그러는데, 오늘은 1달러씩만 받아라." 그러자 아이들은 서운한 기색을 비치더니 곧 축구를 하였다. 또 며칠이 지나 그 할아버지는 "내가 돈이 없어 더 이상 용돈을 줄 수가 없구나." 라고 하자 아이들은 "할아버지! 축구를 하는 것이 얼마나 힘든지 아세요? 이젠 여기서 축구를 하지 않을 거예요." 하면서 자리를 옮겨 가 버렸다.

할아버지는 돈과 동기부여의 상관관계를 잘 알고 있었던 것이었다. 아이들에게 축구경기를 보여주는 대가로 돈이 지불되는 그 순간부터 아이들에게 축구는 더 이상 놀이가 아니고 일이 되어 버린 것이다. 당연히 일에 대한 대가가 주어지지 않으니 일할 의욕은 생기지 않는 것이고, 이렇게 길들여진 생각은 행동을 멈추게 하는 이유를 만들어 준 것이었다. 즉 축구가 즐거운 놀이의 대상에서 해야 하는 일의 대상으로 전이되는데 돈과 같은 외재적 동기가 부정적으로 작용하여 내재적 동기 즐거움 를 훼손시킨 것이다.[2]

다시 공부 상황으로 돌아가 보자. 눈앞에 보이는 목표 중간고사 90점 이상에 돈이란 일시적이고 즉흥적인 동기는 분명히 효과가 있다. 하지만 여기

2 Deci, E. L,. Koestner, R., & Ryan, R. M. (1999). A meta-analytic review of experiments examining the effects of extrinsic rewards on intrinsic motivation. Psychology Bulletin, 125, 627-668.

에 길들여진다면 장기적 목표를 수행하기 위해서는 많은 어려움을 겪어야 한다. 돈은 더 큰 금전적 대가를 지불하거나 다른 가치를 지불해야만 노력하는 반응형 인간을 양성하게 된다. 마치 자판기에 돈을 넣어야 물건을 제공하는 단순 논리의 반응형 기계처럼. 이러한 주장에 대해 너무 극단적으로 몰아붙인다고 생각할 수도 있다. 하지만 돈이란 모티베이션 관점에서 외재적 유인물임은 확실하다. 순간적으로는 달콤하고 매력적이어서 사람의 행동을 이끄는 데는 효과적이지만 장기적 관점에서 행동을 이끄는 유인물로 생각한다면 돈이 쳐둔 덫에 걸리고 말 것이다.

> 돈은 자극에 대한 반응이 시작되는
> 분계점의 동기에 불과하다.
> – 제프 건더러, 샬롯빌의 CEO

다시 알약을 먹을 것인가에 대한 고민으로 돌아가 보자. 미래에 대한 불확실성은 새로운 도전과 모험보다는 안정적 상태를 갈망할지도 모른다. 게다가 100억이란 돈은 어마어마한 미끼가 아닐 수 없다. 실제로 20년 후라 할지라도 100억을 소유하고 있는 사람은 경험적으로 봐도 소수에 불과할 것이다. 하지만 학습이나 경험 또는 추억과 같은 무형의 자산을 가지지 못한 채, 유형의 자산만을 가지고 편하게 살고자 하는 자의 미래는 어떤 모습일까? 흡사 천국이란 착각 속에서 하루하루 의미를 찾지 못하는 젊은이가 떠오르는 건 나만 그런 것일까?

Insight

돈은 말할 필요 없이 중요하다. 그래서 열심히 일하고 돈 많이 벌어서 행복하게 살겠다는 꿈을 가진 젊은이는 성실한 이미지로 비춰진다. 많은 부분이 돈을 가짐으로 인해서 어렵지 않게 해결되는 것을 쉽게 접하면서 돈 앞에서 초연하기란 인간으로서 쉽지 않다는 것을 깨닫는다. 돈이 동기의 첫 번째 요소로 지목된 이유도 여기에 있다. 지금도 수많은 사람들이 돈을 벌기 위해 각자의 자리에서 움직임을 멈추지 않고 있는 것이 사실이다.

심리학에서 돈과 행복의 상관관계에 대한 설명이 흥미롭다. 크게 두 가지의 설로 나누어지는데, 첫 번째는 돈의 양과 행복의 강도는 비례한다는 것이다. 단, 어느 수준까지만 비례하고 그 이후엔 상관이 없는 것으로 설명한다. 그 수준은 개인차는 있지만 살아가는데 돈에 의해 크게 구애받지 않고 사는 수준을 유지한다는 전제가 있다. 즉 먹고 사는 데 지장이 없다면 돈이 더 많고 덜 많고의 차이는 행복과 무관하다는 것이다.

두 번째는 행복은 돈과는 무관하고 타고난 유전적 기질과 상관이 높다는 것이다. 즉 같은 상황에서도 즐겁고 긍정적인 에너지를 흡수할 줄 아는 기질의 사람이 더 행복하다고 느끼는 것이다.

두 이론 모두 다 설득력을 가진다. 적어도 돈이 행복에 기여하는 수준에는 차이가 있지만, 영향력은 만만치 않음을 부정할 수 없다. 우리가 움직이고 또 그 움직임을 지속하는 이유는 궁극적으로 행복하기 위해서일 것이다. 그 행복에 돈이란 동기가 자리 잡고 있는 것이다.

돈이 주는 행복은 현재의 경험을 충분히 쌓을 수 있도록 여건을 제공해 준다는 것에 큰 의의가 있다. 여행을 통해서든 예술 행사 관람을 통해서든 일상에서의 다양한 경험은 결국 소유의 단계를 넘어 인간을 풍요한 행복의 세계로 인도해준다. 굳이 돈이 좀 더 가치 있을 이유를 찾자면 물질적 소유뿐만 아니라 경험을 소유할 수 있게 해준다는 점에 있다. 인간이 소유를 통해 느끼는 행복은 길지 않지만, 경험을 통해 느끼는 행복은 평생토록 지속된다. 작년에 구매한 가방 때문에 오늘도 행복해하는 사람은 드물다. 하지만 작년에 친구들과 함께한 여행은 평생 추억이 되고 곱씹어 회자 된다. 결국, 돈은 경험을 소유할 수 있게 해주기에 좀 더 의미가 있다.

이 페이지를 덮기 전에 명심해야 할 것은 돈은 모티베이션의 수단으로 생각지 말고 모티베이션를 통해 창출되는 결과로 보자는 것이다. 다시 말해 돈이라는 동기 요인에 현혹되지 말고, 가치를 찾아 최선을 다하다 보면 돈이란 결과물이 주어진다고 생각하자. 돈을 향해 달려가는 것이 아니라 돈이 나를 따라올 수 있도록.

돈은 최선의 하인인 반면 최악의 주인이다
— 프랜시스 베이컨, 철학자 / 정치인

MOTIVATION 10.0

M money
O object ———————————————————————————————
T temptation
I incentive
V values
A approach & avoidance
T target
I image
O origin
N nature

Chapter 02

손에 쥐고 싶은 애물

Object

천민 출신의 무사인 그는 나라를 통일할 목적으로 반대파를 처단하는 전투를 벌이게 된다. 그는 주변에 자신의 편에 서 줄 다양한 권력들과 손을 잡고 함께 전투에 참가할 것을 요청하였고, 그중에는 뿌리 깊은 귀족 출신의 대영주도 포함이 되어 있었다. 전투에서 이긴다면 개국공신이 되지만, 진다면 역적이 되는 상황에서 대영주는 이쪽저쪽 눈치를 보다가 결국엔 전투에 참가하지 않았다. 결국엔 전쟁에서 승리하고 천하를 통일한 그는 대영주에 대한 괘씸한 마음에 대영주를 성으로 소환하였다. 목숨을 지키기 어렵게 된 대영주는 살 궁리의 묘책을 찾아야만 했다. 천하를 얻은 그에게 어떤 가치를 선물해야 그의 환심을 살 수 있을까를 고민한 대영주는 큰 결단을 내리고 무엇인가를 그에게 선물로 주었고, 선물을 받은 그는 대단히 기뻐하며 그를 사면해 주었다.

이 이야기는 도요토미 히데요시가 대영주인 쯔쯔이준께에게 야마자키 전투에 참전을 요청하면서 벌어진 실화이다. 쯔쯔이준께는 일본의 최고 권력자가 된 도요토미의 요청을 거절한 대가로 목숨을 내어놓아야 할 지경에 이르렀다. 이러한 절박한 상황에 놓였을 때, 그의 목숨을 구해주고 더불어 도요토미의 환심을 사게 해준 그 선물은 무엇일까? 그것은 다완 차를 마실 때 사용하는 사발 이었다. 흔히 이도다완이라 불리는 조선에서 일본으로 전수해준 찻사발로서 현재는 국보로 지정되어 있는 일본인들이 가장 아끼는 도자기 종류이다. 여기에서 기껏 사발 하나가 대역죄를 사면해 줄 정도의 위력이 있는지는 의구심이 생기는 부분이다. 하지만 쯔쯔이준께가 선물한 다완은 단순한 찻사발의 의미를 넘어서 일본 전통 명문 귀족집안에서 대대로 물려 내려온 집안을 상징하는 가보였던 것이다. 도요토미 히데요시는 하층 무사 출신의 미천한 집안에서 태어나 가문의 전통성에 대한 내재된 욕구가 매우 강하였다. 이것을 눈치챈 쯔쯔이준께가 전통 가문을 상징하는 물질 찻사발 을 선물하고 목숨을 구걸하면서 그의 환심도 사게 된 것이다. 만약 쯔쯔이준께가 자신의 전 재산을 나라에 바치겠다고 했으면 과연 그는 목숨을 구할 수 있었을까?

위의 사례는 돈으로 할 수 없는 가치에 대해 말하고 있다. 즉 돈으로 움직일 수 있는 것은 한계가 있고, 특별한 가치의 물질 object 이 그 움직임의 한계를 극복하고 있음을 보여준다. 한편으로는 위의 이야기는 현실과는 너무 멀게 느껴질 수도 있다. 나라를 가진 왕의 입장에서 돈이 중요하지 않지만, 일반 사람들은 도자기 나부랭이보다 현실적 가치 돈이나 재물 가 훨씬 중요하다고 반박할 수 있다. 그 또한 맞는 말이다. 하지만 한 가지 확실한 것은 돈보다 중요한 것들이 주변엔 의외로 많고, 돈 이상의 가치를 대신해 주는 그 무엇들이 존재한다는 것이다. 그리고 그 물질들이 인간의 행동을 움직이게 하고 지속시키는 강력한 에너지를 가진다는 것이다.

애지중지하는
물건들

애지중지란 말이 있다. 매우 사랑하고 소중히 여긴다는 의미로 주로 사람이나 사물을 대상으로 사용한다. 또한, 사람과 사물을 혼동하여 사용하기도 한다. 즉, 사람을 물건 대하듯 하는 경우도 있고, 물건을 사람 대하듯 하는 경우도 있다. 전자의 경우는 비인도적 차원으로 언급할 가치가 없지만, 후자의 경우는 애지중지의 의미를 잘 표현해 준다고 할 수 있다. 개인마다 아끼고 소중히 다루는 물건의 유형은 다양하겠지만, 그 물건에 이름을 붙이고 의미를 부여하고 심지어는 대화까지 하는 것을 이상하게 보는 사람은 드물 것이다. 그만큼 애지중지하는 물건을 하나의 인격체라 생각하고 소통하는 것은 일방적 소통이지만 일상에서 자연스럽게 생활에 녹아 있는 행동이라 할 수 있다.

한때 대한민국의 청소년들은 등교하는 것이 아니라 등산을 하러 간다고 표현할 정도로 한 브랜드의 아웃도어 패션이 학생들 사이에서 유행한 적이 있었다. 심지어 그 브랜드 본사 사장이 이러한 사실이 믿기지 않아 직접 내한한 적도 있을 정도이다. 그만큼 국내 학생들 사이에서 그 브랜드에 대한 애착이 높았다. 청소년들은 그 브랜드의 옷을 사기 위해 부모님을 조르거나, 시험 성적을 높이는 대가로 사달라고 요청하거나, 직접 아르바이트를 해서 사거나, 아니면 강제로 주변 지인의 옷을 강탈하는 등 여러 가지 방법으로 옷을 가지려고 노력했다. 무엇이 그들로 하여금 조르고, 공부하고, 일하고, 심지어는 억압하는 행동까지 하도록 하였을까?

거기에는 몇 가지 이유를 제시할 수 있다.

요즘 일점호화소비라는 재미있는 소비 형태가 나타나고 있다. 최근 등장한 이 소비 형태는 하나의 특정 제품 고가의 호화로운 제품 을 구매하기 위해 그 외의 다른 소비의 형태는 매우 소극적으로 줄인다는 뜻을 가진다. 명품가방, 노트북, 최신폰, 자가용 등이 이런 소비 형태를 유발하는 특정 제품들로 대표된다.

명품가방을 사기 위해 적금을 넣고 용돈을 줄이기 위해 택시 타는 비율을 줄이고 점심 정도는 편의점에서 해결하고 커피숍 대신에 자판기를 이용하는 등 가지고 싶은 것을 가지기 위해 상대적으로 중요도가 낮다고 판단되는 소비를 최대한 줄이는 것이다. 이렇게 해서 소유하게 되는 물건은 남다른 애착을 유발할 것이다.

비 오는 날 명품가방을 품에 안고 뛰는 여성들을 보면 알 수 있듯이 그녀들은 엄마가 아기를 애지중지하듯이 물건을 대하고 있음을 알 수 있다. 심지어는 그 가방을 아기라고 부르기까지 한다. 무엇인가를 취하는데 많은 노력과 시간적인 투자가 이루어진 물건에 있어서는 남다른 애착을 가지게 마련이다. 이는 그 물건을 가지기 위해 그만큼 많은 동기가 부여되었기 때문이기도 하다.

물건과
사회적 자아

좋은 물건을 가지고자 하는 사람의 특징은 다른 사람의 시선을 많이 의식한다는 공통점을 가진다. 즉 남의 눈에 비친 나의 모습인 사회적 자아에 유독 신경을 많이 쓴다는 것이다. 이들은 자신이 입는 옷이나 타고 다니는 자가용, 들고 다니는 소품들이 나를 대변한다고 생각하는 경향이 두드러진다. 좋은 옷이나 멋진 차가 나의 이미지를 만들어 주고, 자신의 가치를 대변해 준다고 믿는 것이다. 즉 자신의 이상적 모습을 실현시켜 줄 다양한 상품 물건 들을 소유하면서 자신의 사회적 이미지 가치를 높이고자 하는 것이다. 그들은 자신의 사회적 지휘나 명성, 평판 따위의 잣대를 매우 중요하게 생각하고, 그것을 유지하거나 향상시키기 위한 노력을 지속한다. 또한, 지속적으로 트렌드에 관심을 가지며 유행에 뒤처지지 않으려는 노력과 앞서 나가려는 노력을 병행한다.

다수의 사람들이 상대방의 외향적 모습, 즉 이미지를 가지고 상대를 선불리 판단하는 경향이 있다. 고가의 자가용이 성공을 대변하고 명품 의상들이 지위를 대변하는 것처럼 보이게 하는 브랜드의 최면현상은 이성적 판단을 흐리게 하는 것은 사실이다.

자본주의 안에서 물질주의적 풍토는 너무도 자연스럽게 개인의 삶 속에 깊이 침투하여 인간의 행동을 지배하고 있다. 더 좋은 것을 가지고자 하는 욕망은 행동을 일으키는 중요한 동기가 되고, 이러한 동기는 타인의 눈에 비치는 자신의 모습을 한껏 포장하고자 하는 행동으로 나타나곤 한다. 그래서일까? 옷 잘 입는 거지는 얻어먹어도, 옷 못 입는 거지는 굶어 죽는다는 말이 자본주의 내에서 겉치레의 중요성을 잘 드러내 주고 있는 것 같다.

물질에 대한 소유 욕구는 마르지 않는 샘물같이 끊임없이 차오르며 인간을 자극한다. 소유에 목마른 사람은 만족이란 결과에 도달하기가 힘들고, 설령 도달했다손 치더라도 오래 머무르는 법이 없다. 왜냐면 경제순환 자체가 오늘보다 더 나은 내일이란 목표를 향해 움직이기 때문에 오늘의 소유품은 내일이 되면 가치가 떨어지는 경험을 흔히 하게 된다. 그러한 가치의 하락은 더 나은 소유품에 대한 욕구를 일으키고 이러한 순환 고리는 채워도 채워지지 않는 갈증으로 인간을 자극한다. 이렇듯 물질주의에 흠뻑 젖은 사람들의 정신적 성장이나 자아실현의 욕구는 상대적으로 매우 낮게 나타난다.

소유에서 오는 만족과 행복보다는 소유하지 못함에서 오는 우울과 불행이 더욱 크게 삶을 지배하기 때문이다. 즉 물질주의적 프레임을 가진 자들은 끊임없이 동기부여가 되지만 결국엔 스스로 성장이나 자아실현과는 거리가 먼 길을 선택하면서 동기의 에너지를 훼손시키는 것이다.

물질이 주는 행복은 탄산음료와 같아서 짜릿하고 강렬한 즐거움을 주지만, 그만큼 건강상의 문제, 채워지지 않는 갈증의 주된 원인으로 남는다. 그렇다면 물질로 채우려고 했던 갈증을 대신할 수 있는 것은 무엇이 있을까?

앞서 잠깐 언급하였듯이 그것은 경험의 소유이다. 이는 성장과 자아실현에 도움이 되며, 장기적이고 긍정적 자극이다. 경험을 소유한다는 것은 물질의 소유와는 근본적으로 다르다. 일단 형태의 유/무에서 현격한 차이를 가진다. 물질은 유형의 자산이라면 경험은 무형의 자산으로 시각적으로 존재하는 것이 아니다. 둘째, 물질은 외면을 풍요롭게 만들지만, 경험은 내면을 풍요롭게 한다. 인간은 경험을 통해 지식과 지혜를 얻게 되고, 이는 삶의 통찰을 넓혀준다. 셋째, 물질이 주는 만족의 지속력은 유한하지만, 경험이 주는 만족의 지속력은 무한하다. 10년 전에 구입한 명품시계는 오늘의 만족과 행복을 보장하기 힘들지만, 10년 전에 좋은 사람과의 여행은 지금도 가슴 설레게 하는 흥분으로 다가올 수 있다.

물질의 풍요는 삶의 풍요로 이어진다고 본다. 하지만 삶의 외면적 질이 삶의 내면적 질을 보장한다고는 말할 수 없다. 삶의 내면적 질에 대한 향상은 풍요로운 경험의 소유로 채울 수 있다. 경험은 여행과 같이 즐거움을 주는 것도 있지만, 모험이나 생소한 체험같이 힘든 것들도 있다. 젊어 고생은 사서도 하고, 고생 끝에 낙이 온다는 말이 있듯이 고생이란 경험도 엄청난 가치를 안겨준다. 물질을 소유하기 위한 강력한 동기와 마찬가지로 경험을 소유하기 위한 강력한 동기가 발동되었을 때 좀 더 행복에 다가가는 나를 발견할 수 있을 것이다.

Insight

돈으로 살 수 있는 것이 가장 쉬운 것이라 했다. 이 말이 내포하는 의미는 일단 돈으로 해결되는 일은 이루어질 수 있는 가능성이 높다는 것을 의미한다. 그만큼 돈으로 해결 안 되는 일이 우리의 일상에 빈번히 존재한다는 것이다. 인간관계가 그러하다. 돈으로 가족을 살 수 없고, 사랑하는 사람이나 친구를 살 수는 없는 것이다. 또한, 돈으로 젊음이나 시간, 건강도 살 수가 없다. 아주 귀하게 존재하는 보물이나 문화재도 돈으로 구매할 수 없다. 인간의 끼, 재능과 같이 타고나는 것들, 지식과 지혜와 같이 끊임없이 갈고닦아야 하는 것들, 실패와 성공에서 채화된 체험 등이 그러하다. 마찬가지로 경험으로 체득된 모든 것들도 돈으로 살 수는 없다. 추억이나 감사, 통찰이나 행복 등도 돈으로 살 수는 없다.

돈으로 살 수는 있지만, 돈이 개입되는 순간 의미가 왜곡되는 것들이 있다. 예를 들어 올림픽의 금메달을 돈으로 살 수 있다면 그 가치는 존속할 수 있을까? 저명한 학술지에 논문을 싣는 대가로 돈이 거래된다면 그 학회는 존속할 수 있을까? 시상식의 수상자를 돈으로 결정짓는다면 그 시상식은 의미를 찾을 수 있을까? 만약 노벨상을 거래한다면 얼마에 팔리게 될지 모르나 돈으로 상을 구매한 사람은 그 상과 관련된 어떠한 의미와 가치도 획득할 수 없게 되며, 노벨상의 사회적 가치는 추락하게 될 것이다. 돈으로 직위를 사고, 돈으로 학위를 사고, 돈으로 명예를 살 수는 있다. 하지만 그 본질돈으로 거래된 가치 이 드러나는 순간 직위나 학위, 명예 따위는 이미 가치를 상실하게 된다.

본 장에서는 돈보다 인간을 좀 더 움직이게 하는 물질에 대해 이야기하고 있다. 물질이 인간을 풍요롭게 한 것은 사실이지만, 물질이 주는 풍요 이면에 존재하는 물질에 지배당하는 삶에 대한 경각심도 매우 중요하다. 외면적 풍요 물질 보다는 내면적 풍요 경험 에 더욱 집중하여 동기가 부여되었을 때 인간의 삶은 더욱 윤택하리라 본다.

여기에서 중요한 것은 돈으로 많은 물질을 소유할 수는 있지만, 돈으로 해결될 수 없는 물질, 즉 가치를 함축하고 있는 물질에 대한 욕구가 인간을 움직이게 하는 에너지가 되고 행동을 지속하고자 하는 강도로 나타난다는 것이다.

MOTIVATION 10.0

M money

O object

T temptation ————————————————————————

I incentive

V values

A approach & avoidance

T target

I image

O origin

N nature

Chapter 03

벗어나기 힘든 유혹

Temptation

우리는 살면서 수많은 유혹과 만나게 된다. 유혹에 굴복하기도 하고 때론 극복하기도 하는 경험을 다양하게 한다. 유혹이란 인생을 통틀어 치명적이게 다가오는 것도 있지만, 생활 속에 잔잔히 파고들어 매 순간 인간을 실험대 위에 놓이게 하는 것들도 있다. 수험생에게 포근한 침대의 유혹, 다이어트 하는 이에게 달콤한 초콜릿의 유혹, 운동선수에게 내리는 비는 오늘 하루는 운동을 쉬어도 된다는 하늘의 계시와도 같은 설레는 유혹이며 저녁 퇴근길에 발목을 잡는 치맥의 유혹, 이젠 하나쯤 가져도 된다는 명품백의 아찔한 유혹 등 현대인은 주변에 널리고 널린 유혹들 사이에서 매 순간 결정을 하면서 살아가고 있다. 이러한 유혹들이 인간을 움직이게도 하고, 그 움직임을 멈추게도 하고 때론 지속하게도 한다.

여기 캐나다 한 섬마을의 순박한 마을 주민들이 한 사나이를 유혹하기 위해 집단 사기극?을 벌이고 있는 현장이 있다. 왜 순박한 마을 주민들이 한 사나이를 두고 사기꾼으로 변신했을까?

100여 명으로 구성된 작은 어촌 마을인 '생 마리'에서는 줄어든 어획량과 어려워진 경제 탓에 활기를 점점 잃어가고 있었다. 8년째 실업연금으로 근근히 생활해 오던 주민들은 무기력으로 집단 우울증 증세를 보이기 시작했다. 마을의 터줏대감인 제르맹은 이 같은 사태를 극복하기 위해 마을의 새로운 성장 동력이 필요하다고 생각하고 플라스틱 공장을 유치하기 위해 백방으로 노력하였다.

그런데 공장을 유치하기 위한 조건으로 섬에 상주하는 의사가 있어야 한다는 조건이 제르맹과 섬 주민들의 발목을 잡았다. 때마침 교통법규 위반으로 한 달간 봉사를 명령받은 크리스토퍼란 의사가 그 섬을 찾게 되었다. 이때부터 마을 주민들은 크리스토퍼가 마을을 사랑하게 되어 정착할 수 있도록 '대단한 유혹 프로젝트'에 돌입하게 된다.

우선 마을 주민들은 크리스토퍼의 욕구를 알아차리기 위해 그의 전화를 도청하기 시작했다. 그 결과 그가 여인의 맨발에 끌린다는 사실을 알게 되어서 마을의 전 여성들이 맨발에 슬리퍼를 신고 그의 앞에 의도적으로 어슬렁거리게 했고, 그가 야구와 비슷한 크리켓이란 스포츠의 매니아란 사실을 알고 마을 공터에서 이름도 생소한 크리켓 대회를 열어 그를 초청하기도 했고, 그가 좋아하는 특별한 요리에 대한 정보를 바탕으로 식당에 메인메뉴로 설정해 두고 그를 초대하기에 이른다.

뿐만 아니라 크리스토퍼가 낚시할 때 주민 중 한 사람이 잠수부가 되어

대형 물고기를 그의 낚싯바늘에 매달아 놓는 수고도 마다하지 않았으며, 심지어는 의사가 매일 지나는 길에 돈을 떨어뜨려 놓아서 그를 즐겁게 했다. 더욱이 마을 터줏대감 제르맹은 크리스토퍼와 함께 낚시를 하면서 그의 죽은 아들이 살아 있으면 당신과 비슷할 거라면서 아버지와 같은 눈빛으로 의사의 연민을 자극하기도 했다. 이러한 마을 주민들의 계획되고 치밀한 유혹은 크리스토퍼의 마음을 움직이는 듯 보였다. 크리스토퍼 역시 생 마리란 섬마을이 친숙하고 편안한 지상낙원과 같이 느껴지던 찰나

　… 후략 …

위의 이야기는 장-프랑수아 폴리오 감독의 2004년 작 '대단한 유혹'이란 영화의 내용이다. 영화의 내용은 다소 희극적인 요소가 많이 있지만, 영화가 시사하는 바는 매우 크다. 이 영화는 상대를 유혹하기 위한 다양한 기술을 선보이고 있다.

첫째, 상대를 유혹하기 위해서 우선 욕구 파악에 돌입한다. 욕구를 파악하는 방법은 여러 가지가 있겠지만, 위의 이야기에선 다소 정의롭지 못한? 도청의 방법을 사용하였다. 방법이야 어찌되었건 의사의 욕구를 알아차린 주민들은 즉각 욕구를 해소할 수 있는 방법들로 그를 유혹했고 꽤나 좋은 성과를 보인 듯했다.

둘째, 상대를 유혹하기 위해서는 예상치 못한 결과를 제시했다. 작은 통통배 위에서 심심풀이로 시작한 낚시로 월척의 행운을 가진다거나, 귀갓길에 우연히 줍는 지폐는 삶은 활력을 불러일으키는 계기가 되기도 한다. 더불어 시골 섬마을에서 먹을 수 있을 거란 기대도 하지 않았던 요리

가 떡하니 펼쳐진 상황은 마치 여기가 나와는 보통 인연이 아니라는 착각을 일으킬 정도로 기분 좋은 일일 것이다. 이런 일상에서의 기대치 않은 행운들은 앞으로의 일에 좋은 결과를 암시하는 복선과 같이 느껴질 수 있고 다분히 마음을 흔들어 놓을 수 있을 정도로 유혹적이었다.

셋째, 상대를 유혹하기 위해서는 감성을 자극해야 한다. 아들을 잃은 아버지의 역할을 한 제르맹의 연기는 의사의 동정과 연민을 자극하기에 충분했다. 이런 상황에선 제르맹의 제안을 거절하기가 쉽지 않은 것은 인지상정이다. 이런 감성 자극 요법은 상대의 마음을 유혹하여 내가 원하는 방향으로 변화시키기엔 아주 좋은 방법이다. 이와 같이 상대를 유인하여 내가 원하는 방향으로 움직이게 하는 유혹의 기술은 때론 치명적이고 거부할 수 없는 강력함으로 다가온다.

다시 영화 속으로 들어가 보자. 마을 주민들이 합심하여 의사 한 명을 속이는 프로젝트는 다소 엉뚱하기도 하지만 누군가를 의도적으로 속인다는 생각에 뭔가 찜찜한 기분이 들 수 있다. 하지만 영화 내내 대단한 유혹을 펼치는 마을 주민들의 진솔한 순박함과 다시금 피어오르는 열정을 볼 수 있었다. 크리켓이란 생소한 스포츠를 의사에게 보여주기 위해서 했지만, 준비과정에서 적극적인 참여와 열정은 주민들을 몰입하게 했고 점점 더 그 일에 재미를 느끼고 빠져들게 만들었다. 역으로 의사를 유혹하기 위한 공작을 펼치면서 주민들이 생기를 되찾은 결과가 만들어진 것이다.

영화의 이야기를 순탄하게 진행되는 듯 보였으나 이내 곧 크나큰 위기에 직면하게 된다. 의사가 마을 주민들이 계획적으로 자신을 속이고 공작한 것을 알아차리게 된 것이다. 배신감을 느낀 의사는 마을을 떠나기로 맘먹고 주민들과 함께 있는 자리를 박차고 나온다. 그때 그의 뒤를 따라 나온 제르맹은 절규에 가까운 목소리로 그를 향해 울부짖는다.

"우리는 단지 의사를 구하기 위해 당신을 속인 것이 아니다. 우리는 무기력에 빠진 100여 명의 마을 주민 전체를 구하기 위해 이 같은 일을 벌이게 된 것이다. 8년간 우리가 받아온 실업 연금은 돈이 아니라 수치심이다. 돈은 곧 없어지지만, 수치심은 평생 없어지지 않는다. 주민의 생명을 구하기 위해 당신이 필요했고, 우린 우리의 방식으로 최선을 다했다."

제르맹의 간절한 절규는 의사의 마음을 움직였고 고민 끝에 의사는 체류하기로 맘을 바꾸었다. 제르맹과 마을 주민의 간절한 염원은 이루어졌고 의사의 도움으로 플라스틱 공장이 설립된 마을은 다시금 예전의 활기를 되찾았다는 기분 좋은 결과로 이야기는 마무리된다.

여기에서 다시 한 번 더 생각해 볼 시사점이 있다.

진정한 유혹의 핵심요인은 무엇인가? 앞서 말한 욕구, 기대 이상의 감동, 감성의 자극을 통해 상대를 유혹할 수 있음은 사실이다. 이러한 유혹은 상대를 움직이기에 충분한 에너지를 가지고 있고 어느 정도는 지속하게 한다. 하지만 진심을 다해 행동하고 그것을 더욱 오래 지속하기 위해서는 반드시 '진정성'이란 고결함이 내재되어 있어야 한다. 마을 사람들 공작의 배경엔 그 의사 를 간절히 바라는 마음과 그것 공장 설립 을 이루겠다는 절실함이 있었고 인간 본연에 대한 울림 무기력에 빠진 인간에게 다시 삶의 활력을 불어넣고 싶은 욕망 이 있었기에 가능한 것이다. 유혹은 진정성을 바탕으로 상대를 향할 때 비로소 진가를 발휘할 수 있다.

유혹과
모티베이션

인간은 인생이란 길을 걷고 있다. 길을 걷다 보면 좀 더 빨리 걸을 때도 있고 천천히 걸을 때도 있다. 걸음을 멈출 때도 있고 걸어온 길을 다시 돌아갈 때도 있다. 방향을 바꾸어 걸어가거나 한참을 제 자리에 서 있기도 한다. 이렇듯 인생을 산다는 것은 시계추처럼 일정한 패턴이 있는 것이 아니라 다양한 변수들에 의해 영향을 받아 행동을 바꾸게 된다.

이러한 행동 변화의 원인 가운데 유혹이란 요인은 막대한 영향력을 발휘한다. 유혹은 행동을 더 빠르게도 하고 멈추게도 하고 다시 원점으로 돌려놓기도 한다. 즉 유혹은 움직이는 방향과 에너지를 활성화하는 모티베이션의 중요한 요인이다. 유혹은 아수라 백작과 같이 양면성을 가진다. 행동을 적극적이고 진취적인 방향으로 유도하는 긍정적 유혹과 행동을 멈추거나 지체하거나 돌아가는 방향으로 유도하는 부정적 유혹으로 구분된다. 긍정적 유혹은 내가 하는 일에 좀 더 박차를 가할 수 있도록 자신을 동기화시키고 부정적 유혹은 반대의 결과를 초래한다.

다시 공부의 상황으로 돌아가 보자. 여기서 공부 상황을 자주 언급하는 것은 그 과정이 쉽지 않고 매우 장기적이라 많은 동기요인이 필요한 상황이기 때문이다. 마치 성공이나 건강과 같이 말이다. 공부를 하는 상황에서도 매 순간의 유혹이 존재한다. 갑자기 울리는 전화나 친구의 메시지, 커피 한잔 하자며 달콤한 제안을 하는 동료, 인터넷 지식 검색 중 팝업창에 뜨는 유혹적인 메시지 좋아하는 브랜드 세일 정보, 인기 연예인의 스캔들 정보, 갑작스런 사건/사고 소식, 새로운 게임 등 , 산만한 주변 분위기 등 사소하면서도 거부하기 힘든 유혹들이 널려있다. 이런 것들은 분명 공부라는 동기를 활성화 시키는 데 부정적인 영향을 미치는 유혹들이다.

반면 긍정적 유혹들은 일차적으로 부정적 유혹을 제거하는 것에서부터 시작한다. 꺼 놓은 핸드폰, 방해받지 않는 공간, 조용한 분위기, 집중도를 높이는 조명, 더 나아가 원하는 정보 외엔 차단된 컴퓨터 등은 외부로부터 활성화된 부정적 유혹을 차단 혹은 제거하는 것이다. 이렇게 일차적으로 부정적 유혹을 차단하고 나면 긍정적으로 동기를 활성화 할 수 있는 방법을 찾아야 한다. 부모님이나 동료의 응원 메시지, 선생님의 칭찬, 목표를 이루었을 때 외부로부터 주어지는 보상 용돈이나 선물 따위 등은 긍정적 유혹에 해당한다. 이러한 긍정적 유혹은 4장에서 더욱 구체화시켜 설명할 것이다. 본 장에서는 행동을 동기화하는데 부정적 방향으로 유인하는 유혹들과 이를 일차적으로 제거하는 방법에 대해 집중적으로 살펴본다.

다이어트를 하고 있는 상황에 대해 생각해보자. 다가오는 여름에 친구들과 해변에 가서 비키니를 입겠다는 목표를 설정해 둔 한 20대 여성이 있다고 가정해보자. 다이어트를 방해하는 부정적 유혹은 생활 곳곳에 도사리고 있다. 간식, 회식, 외식, 군것질 등 잠자는 시간 외에는 다이어트를 방해하는 다양한 음식들의 유혹은 어디든 존재한다. 더 나아가 의료적 시술과 의약품 복용이란 살을 빼기 위한 지름길로 가고자 하는 욕구는 운동으로 지친 몸을 더욱 압박하며 다가온다. 원하는 결과가 더디게 나타나는 데서 오는 조급증과 스트레스는 다이어트에 대한 반작용으로 폭식으로 이어지기도 하고 때론 구토와 거식증이란 정신질환에 이르게도 한다.

목표에 이르는 과정에서 행동에 개입하는 부정적 유혹들은 행동을 멈추게도 하고 다시 원점으로 돌아가게도 한다. 더욱 안 좋은 결과는 시작 전보다 더 퇴보된 단계로까지 내몰리는 결과를 만들기도 한다. 앞서 언급하였듯이 긍정적으로 자신을 동기화하기 위해서는 일차적으로 부정적 유혹들을 제거해야 한다. 짜임새 있는 식단운영, 회식과 외식의 조절, 전문 트레이너의 적극적 조언, 규칙적인 운동 프로그램, 의학적 조언을 통한 맞춤 관리 등이 긍정적으로 동기화를 활성화시켜줄 유혹들일 것이다. 더불어 직접적인 자극물도 긍정적 유혹의 대상이 될 수 있다. 날씬한 모델의 사진이나 예쁜 비키니를 늘 보이는 곳에 두어 자주 접하게 된다면 날씬해지고자 하는 욕구를 상승시킬 것이고 부정적 유혹 초콜릿, 회식 등 을 멀리하려는 경향으로 나타날 것이다.

Insight

　유혹이란 명사 앞에는 '치명적인' 또는 '달콤한'이란 형용사가 습관적으로 따라온다. 이렇듯 유혹이란 동기는 거부하기가 힘들고 우리의 행동에 많은 영향력을 행사하고 있다. 초콜릿과 같은 유혹, 다시 말해 적당할 때는 건강에 이롭지만 과했을 때는 건강을 해치는 달콤함, 적당하기는 어렵고 과하기는 쉬운 달콤함과 같은 치명적 유혹에 직면하게 되면 인간의 두뇌는 자제력을 유지하기가 힘들어진다. 그렇다면 순간순간 발목을 잡는 부정적 유혹을 이기는 방법은 무엇이 있을까?

　그것은 유혹이란 존재의 실체를 인정하는 것에서부터 시작한다. 내가 가고자 하는 길에 존재할 수 있는 다양한 유혹의 존재를 인정하는 것은 다가올 상황에 대처하기 위한 첫 단계이다. 가는 길 위에 언제 무엇이 어떻게 나타날지 미리 안다면 준비하기가 훨씬 쉬울 것이다.

　다음 단계가 유혹을 효과적으로 방어하는 방법에 대한 모색이다. 여기에는 핸드폰을 꺼 둔다거나, 회식 약속을 미루는 따위의 행위가 포함된다. 장기적으로 봐서는 핸드폰의 기종을 스마트폰에서 2G폰 일명 입시폰 으로 교체하는 것을 포함한다.

이렇게 부정적 유혹 요소를 차단하고 난 후에는 긍정적 유혹에 대한 적극적 자극물이 따라와야 할 것이다. 지금 하고 있는 일을 지속적이게 유지하고 심지어는 가속도가 붙을 수 있는 방법의 자극물. 이러한 긍정적 유혹 자극물은 다양한 종류들이 있으며 외재적 동기의 가장 강력한 수단들이 된다. 이어지는 4장에서 좀 더 구체적으로 살펴볼 것이다.

MOTIVATION 10.0

M money

O object

T temptation

I incentive ――――――――――――――――――――――

V values

A approach & avoidance

T target

I image

O origin

N nature

Chapter 04

외부로부터
날아드는 훅과 쨉

Incentive

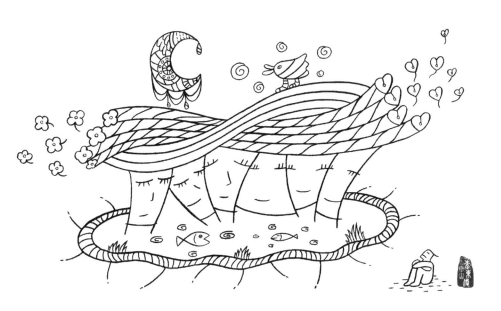

8살 된 한 아이가 치열 교정기를 착용하게 되었다. 이 아동은 부모 손에 이끌려 무서운 치과에 가서 불편하기 짝이 없는 치열 교정기를 차게 되어 몹시 기분이 좋지 않은 상태이다. 부모 입장에선 아동이 교정기를 차야만 하는 이유에 대해 차분히 설명해 주었다.

예쁜 미소와 호감 가는 얼굴을 가지기 위해서, 더 나아가 멋진 사람을 만나고 좋은 곳에 취직하기 위해서 불편하더라도 반드시 착용해야 한다고 설득한다. 하지만 8세 아동은 듣는 둥 마는 둥 시큰둥하다. 이러다 보니 부모가 보지 않을 때는 교정기를 빼거나 착용을 거부하는 일이 발생하였다. 아이 스스로 치열 교정기의 필요성을 느끼지 못한다고 판단한 부모는 아이가 가급적 오랫동안 교정기를 착용할 수 있도록 여러 가지 유인 정책을 사용하기로 맘먹었다.

부모는 세 가지 유인 정책을 실행하였다. 첫 번째 방법은 교정기를 착용한 것을 발견할 때마다 칭찬해 주었다. 그 결과 유인물 칭찬이 없을 때는 착용 시간이 25% 정도였다가, 착용한 것이 관찰될 때마다 칭찬해 주었더니 착용 시간이 36% 늘었다. 두 번째 방법은 부모가 아동이 교정기를 착용한 것을 볼 때마다 일정 금액을 주기로 했다. 단 합산하여 월말에 한꺼번에 주기로 한 것이다. 이렇게 지연된 금전적 보상 월말에 합산한 돈이 제공되자 아동의 교정기 착용 시간은 60%까지 증가하였다. 셋째는 교정기를 착용한 아동을 볼 때마다 즉각적으로 일정 금액을 바로 제공했다. 그 결과는 놀랍게도 97%에 육박하는 착용시간으로 나타났다. 부모가 자녀에게 설득되지 않는 행동을 하게끔 유도하는 데에는 칭찬이나 돈과 같이 외부에서 제공되는 유인물이 효과가 있는 것으로 보였다. 그 이후 부모는 단기간 칭찬과 용돈을 주지 않아 보았다. 그랬더니 아동의 착용 시간은 64%로 감소하였고, 다시 외부의 유인물 칭찬과 돈이 제공되자 아이는 100%까지 착용시간을 늘리는 결과를 보였다.[3]

어떤 행위를 시작하거나 지속하기 위해서는 발화점인 동기가 필요하다. 그러한 동기가 환경적 요인에 의해 발생되는 것을 외재적 동기 extrinsic motivation 라 한다. 내가 움직이는 데 있어 앞에서 당겨주고 뒤에서 밀어주는 에너지가 있다면 움직임을 시작하거나 지속하는 데 도움이 될 것이다.

---

3   Hall, R. V., Axelrod, s., Tyler, L., Grief, E., Jones, F. C., & Robertson, R. (1972). Modification of behavior problems in the home with a parent as observer and experimenter. Journal of applied behavior analysis, 5, 53-64.

즉, 내가 가고자 하는 방향으로 밀어주고 당겨주는 외부 환경이 만들어 주는 에너지가 외재적 동기인 것이다.

말을 더 빨리 달리게 하고 더 오래 달리게 하기 위해서는 흔히 당근이 란 유인물을 사용한다. 당근과 더불어 말이 지쳤을 때 편히 쉴 수 있는 휴식을 제공하기도 하고, 말과 정신적 교감을 통해 하나가 되도록 칭찬과 격려도 한다. 말에게 있어서 이러한 당근이나 휴식, 칭찬과 격려는 모두 외재적 동기가 되는 것이다.

외재적 동기는 돈, 음식, 칭찬, 상금, 포상, 트로피, 승진, 사탕, 스티커, 인정, 선물, 격려, 상장, 장학금, 여행, 축하 메시지, 특권부여 등 다양한 인센티브적인 환경적 유인들로 표현된다. 어린아이가 칭찬스티커를 받기 위해 인사를 잘하거나, 학생이 장학금을 받기 위해 열심히 공부하거나, 세일즈맨이 영업왕 트로피를 받기 위해 불철주야로 뛰거나, 학계에서 인 정받기 위해 논문을 정기적으로 발표하는 등의 행위는 외재적으로 동기 화 되어 있는 것들이다.

물론 인사를 잘하는 이유나 논문을 발표하는 이유가 칭찬이나 인정과 관련된 외재적 요인만이라고는 할 수 없다. 왜냐면 인간은 스스로 기분 좋은 일을 하고 싶고 기분 나쁜 일을 피하고 싶은 욕구가 있기 때문에 이 러한 행동은 인간 내부로부터 발생하기도 한다. 이러한 외부 자극물이 아 닌 인간 내부에서 발생되는 에너지를 내재적 동기 intrinsic motivation 라 한다. 이 부분에 대해서는 8장 이후에서 상세히 언급할 것이다.

다시 외재적 동기에 대해 살펴보자. 위에 언급하였듯이 외재적 동기의 다양한 유인물들은 언뜻 보아 매력적인 긍정적 요인으로만 비춰질 수 있다.

앞서 예를 든 치열 교정기와 유사한 상황에 대해 다시 한 번 더 살펴보자. 이번에는 자세교정 멜빵 착용에 관한 연구 내용이다.[4]

구부정한 어깨와 등을 바로 잡을 목적으로 어깨와 등을 반듯하게 유지할 수 있도록 보조 장치가 달린 어깨 멜빵에 관한 내용이다. 그런데 이 멜빵에는 자세가 앞으로 구부정해질 때마다 55dB 정도 일반 전화벨 소리 의 소리가 발생되게끔 장치되어 있다. 즉 바른 자세를 유지하지 않으면 불쾌한 소음이 발생되도록 고안된 기구인 것이다. 따라서 이 멜빵을 착용한 사람들은 어깨를 반듯하게 벌려 바른 자세를 유지하여야만 불쾌한 유인 물 소음 로부터 벗어날 수 있는 것이다. 이와 같은 멜빵을 착용한 성인의 대부분은 올바른 자세로 향상된 결과를 보였다. 이는 소음발생이란 부정적 유인물이 외재적 동기가 되어 행동을 활성화했다고 볼 수 있다. 이같이 행동의 변화를 일으키는 외재적 동기의 요인은 긍정적 유인과 부정적 유인 모두 활성화 요인이라 본다. 이 같은 부정적 유인물은 일상에서 쉽게 찾아볼 수 있다. 아침이면 시끄럽게 울리는 알람시계 소리, 자동차 안전벨트를 매지 않으면 발생하는 기계소음, 끼어들기 할 때 상대차가 울리는 경적소리, 더 나아가 아기의 보채는 울음소리, 엄마의 잔소리, 선생님의 꾸짖는 소리, 교통 경찰관의 호루라기 소리 등이 이와 유사한 것이다.

---

4   Azrin, N. E., Rubin, H., O'Brien, F., Ayllon, T., & Roll, D. (1968). Behavioral engreering: Postural control by a portable operant apparatus. Journal of applied behavior analysis, 2, 39–42.

이것은 단지 소음의 형태로만 나타나는 것은 아니다. 주변 사람들의 외면과 경멸, 비난과 야유, 조롱과 소외 등 다양한 유형으로 생활 속에 스며들어 있다. 동기는 긍정적 유인물과 같이 바람직한 행동을 장려하고 유지하게도 하며 부정적 유인물과 같이 제거나 회피를 통해 바람직한 행동을 장려하고 유지하게 돕는다. 우리는 긍정적 유인물인 인센티브 당근 는 접근하고 추구하려 들지만, 부정적 유인물인 페널티 채찍 는 회피하고 제거하려 든다.

유인의 두 얼굴

학계에 논문을 발표하는 한 학자의 상황을 살펴보자. 그는 일 년에 두 편 이상 권위 있는 학술지에 자신의 논문을 게재하고 있다. 또한, 그는 학술대회에서 꾸준히 발표도 하고 세미나에도 참석하고 있다. 저술활동도 게을리하지 않아서 출판한 책도 여러 편이 있다. 이러한 학자를 언뜻 보면 그가 내재적으로 동기화 되었는지 외재적으로 동기화 되었는지 구분하기가 힘들다. 왜냐면 그의 학문 활동이 교수 임용과 관련되어 있는지, 승진을 위한 고가 점수와 관련되어 있는지, 또는 자신의 학문에 대한 관심과 열정으로 만들어진 결과인지를 구분하기는 어렵다. 즉 임용이나 승진과 같이 인센티브적인 외재적 동기이던지 관심과 열정과 같이 내재적 동기이던지 결과적으로 학문 활동을 열심히 하는 것으로 보이기 때문에 구분이 모호한 것이다.

하지만 이 두 가지 동기의 유형에는 본질적인 차이가 있다. 그것은 행동을 활성화하는 에너지의 근원 뿌리 이 다르다는 것이다. 즉 행동의 근원이 '관심과 열정을 통한 만족에 있는가?' 아니면 '보상이나 혜택과 같은 유인에 있는가?'에 따라 동기의 유형이 구분된다. 즉 논문을 쓰고 발표를 하는 행위가 자신의 심리적 만족감을 증폭시키기 위해 하는 행위인지, 아니면 임용에 누락되지 않고 더 높은 연봉을 받기 위한 것인지가 구분이 될 때 명확한 동기 유형 또한 구분이 된다.

그렇다면 여기서 한 가지 의문이 들 수 있다. 외재적 동기와 내재적 동기 모두는 행동을 활성화한다는 공통점 적극적인 학문 활동 이 있다. 또한 결과 게 재 논문 수 도 비슷하다. 그렇다면 이 두 가지 동기는 차이가 없는 것인가?

이 둘 사이에는 현격한 차이가 존재한다. 그것은 과정에서의 몰입 정도와 결과물의 질적 수준에 엄청난 차이를 발생시킨다. 결론적으로 살펴보면 외재적 동기가 활성화되어 나타난 결과의 질이 내재적 동기가 활성화되어 나타난 결과의 질보다 훨씬 미흡한 수준이란 것이다. 뿐만 아니라 몰입의 차이 또한 외재적 동기가 내재적 동기의 수준에 못 미친다고 나타난다. 즉 임용이나 승진을 목적으로 쓴 논문의 수준이 학문적 즐거움과 만족을 위해 쓴 논문에 비해 수준도 낮고 몰입도도 낮다는 것이다. 왜 이 같은 결과가 나타나는 것일까? 그것은 '인센티브 보상 의 숨겨진 대가'를 통해 설명이 가능하다.

보상의
숨겨진 대가

내재적으로 동기가 활성화되어 있는 사람에게 외재적 동기를 부여하면 어떤 변화가 일어날까? 예를 들어 축구가 좋아서 주말마다 축구를 열심히 하는 아동에게 축구를 열심히 하는 대가로 돈을 지불하면 어떤 일이 발생할까? 또는 그림그리기를 좋아하는 아동에게 그림 한 장 그리는 대가로 상이나 포상을 주면 어떤 일이 벌어질까?

여기 그림그리기에 높은 관심을 보이는 미취학 아동들을 대상으로 실험한 연구가 있다.[5]

실험자들은 이 아동들을 세 가지 유형의 보상을 받는 세 팀으로 구분하여 실험을 시작하였다. 세 팀은 보상이 있는 조건, 보상이 없는 조건, 기대하지 않은 보상이 있는 조건으로 나누었다. 첫 번째 보상이 있는 A팀의 아동들에게는 푸른 리본으로 만들어진 매력적인 우수선수인증서 보상

---

5 Greene, D., & Lepper, M. R. (1974). Effect of extrinsic rewards on children's subsequent intrinsic interest. Child development, 45, 1141-1145.

물를 보여주면서 그림을 잘 그리면 증명서를 받을 수 있다고 말했고, 그림 그리기를 마치고 실제로 인증서를 전달하였다. 두 번째인 보상이 없는 B팀은 그림그리기를 원하는가? 라는 질문만 하였고 그림을 마친 후에 아무런 보상도 주지 않았다. 세 번째인 기대하지 않은 보상이 주어진 C팀은 그림그리기를 마친 후에 깜짝 선물로 매력적인 인증서를 주었다. 일주일 후에 실험에 참가했던 미취학 아동들에게 자유 시간에 그림 그릴 기회를 다시 주었다. 그 결과 보상이 없었던 B조건과 기대하지 않은 보상을 받은 C조건의 아동들은 처음과 유사한 정도의 그림에 몰입하는 시간을 보였다. 하지만 보상을 받은 A팀 아동들은 보상이 있었을 때보다 현저히 낮은 몰입 시간을 보였다.

일반 상식적으로 좋아서 하는 행위에 적당한 보상이 주어지면 그 행위를 하고자 하는 동기가 증가할 거라고 예상할 것이다. 하지만 동기의 증가는 나타나지 않았다. 오히려 흥미와 재미로 시작한 일에 외재적 보상이 주어지니 초기의 내재적 동기의 감소를 확인할 수 있었고 더불어 미래의 내재적 동기가 손상됨을 알 수 있었다. 더불어 몰입의 질도 낮아짐이 확인되었고, 보상이 주어지는지 여부에 따라 행위를 할 것인가, 말 것인가를 결정하는 형태로 자기 스스로 결정하는 자율적 조절 능력을 저하시켰다.

책을 읽는 대가로 선물을 받았던 아동은 선물이 주어지지 않는 환경에서 자발적으로 책을 읽는 확률은 낮아지고, 읽은 책의 권수에 따라 선물을 받은 아동은 책을 통한 학습의 질몰입 또한 낮아짐이 확인되었다. 즉 보상의 역효과는 내재적 동기의 감소뿐만 아니라 학습의 질과 자기 조절 능력의 저하를 초래하였다.

한때 인도에서 코브라가 사람을 무는 일이 빈번해지자 정부에서는 코브라를 퇴치할 묘안으로 주민들에게 코브라 머리를 잘라오면 그 숫자만큼 돈으로 보상하는 정책을 시행하였다. 시행초기에는 코브라 퇴치가 성공적으로 보이는 듯했다. 왜냐면 잡아오는 코브라 수가 늘었고 실제로 코브라가 줄어드는 것이 보고되었기 때문이다. 시행 1년이 지나고 2년이 될 즈음에 예상치 못한 일이 벌어졌다. 잡아오는 코브라 수는 매년 증가하는데 야생의 코브라 수가 줄지 않는다는 보고를 받은 것이다. 정부는 이 기괴한 상황의 이유를 알기 위해 조사를 시행했고 그 결과 마을 주민들이 보상을 더 많이 받기 위해 집집마다 몰래 코브라를 키우고 그것을 잡아서 정부로부터 돈을 받았던 것이다. 정부는 코브라 퇴치 정책이 실패했음을 인정하고 보상 제도를 폐지하였다. 그러자 주민들은 키우던 코브라를 모두 버렸고 야생의 코브라 수는 정책을 펼치기 전보다 훨씬 증가하였다.

　　이처럼 보상으로 인한 역효과는 더 큰 보상을 갈망하는 욕심에 의해 비윤리적 행위로 변질되기도 한다. 이런 행위는 주변에서 심심치 않게 찾아볼 수 있다. 용돈을 더 받기 위해 시험 성적을 조작하거나, 상금을 타기 위해 성과를 조작하거나, 더 많은 투자를 받기 위해 결과를 부풀리는 등 왜곡된 행위를 유도하는 부작용을 초래하기도 한다.

　　그렇다면 보상의 숨은 대가를 최소화하면서 보상의 기대효과를 최대한으로 높일 수 있는 방법은 무엇일까?

Insight

인센티브란 긍정적 유인물과 페널티란 부정적 유인물은 인간을 움직이게 하고 움직임을 지속하게 하는 중요한 외재적 동기이다. 이같이 외부에서 쉴 틈 없이 날아드는 환경적 자극물들은 인간을 긍정적 방향으로 유도하기도 하고 때론 원하지 않는 방향으로 유도하기도 한다.

외재적 동기인 유인은 타인의 행동을 유도하고, 행동을 지속하거나 멈추게 하고, 행동의 강도를 조절한다. 하지만 외재적 동기의 부작용에 대해 우려하는 시선이 증가하고 있다. 그럼에도 불구하고 당근과 채찍으로 대표되는 외재적 동기는 충분히 매력적인 동기임엔 틀림없다. 매력적인 장미의 가시를 피하는 법만 안다면 장미 자체는 충분히 가치가 있는 것이다.

그렇다면 외부에서 제공되는 매력적인 유인을 잘 활용하기 위한 방법은 무엇일까?

첫째, 내재적으로 흥미가 없는 일에 동기를 일으키기 위한 방법으로 외재적 동기가 힘을 발휘한다. 예를 들어 아이들의 손 씻기, 운전 중 정지신호 지키기, 봉사활동 참가하기, 정기적으로 운동하기, 벽에 포스터 붙이기 등과 같이 스스로 흥미를 유발하여 자발적 동기부여가 잘 안 되는 항목에 있어서는 외재적 동기가 힘을 발휘한다. 아이들 손 씻은 후 제공되는 캔디, 정지신호를 지키지 않았을 때 부과되는 범칙금, 봉사활동에 참가했을 때 제공되는 인증점수, 운동 후 감량한 체중만큼 주어지는 상금, 포스터 붙인 개수만큼 지급되는 수당 등은 동기를 일으키는 요인이 된다.

즉 외재적 유인은 흥미가 없는 활동을 장려할 수 있는 동기가 된다.

둘째, 외재적 동기는 서로 간의 경쟁을 유발하여 결과의 질과 참여도를 높인다. 부서 간에 차별화된 성과급은 팀의 단합을 강화하여 높은 성과를 위한 몰입으로 나타난다. 그 결과 선의의 경쟁을 통한 성과의 질이 향상된다. 외재적 보상에 의한 경쟁은 보상의 유무를 떠나 개인의 몰입을 높일 수 있는 중요한 동기요인이다. 과제를 수행할 때 경쟁자의 유무와 차별화된 처우 유인물 는 흥미롭지 않은 과제에서도 보다 높은 질의 성과를 예상할 수 있다.

앞서 보상의 숨겨진 대가를 통한 외재적 유인물이 인간의 내재적 동기를 감소시키는 요인이라 설명하였다. 이는 스스로 타오르는 불꽃이 아니라 기름을 주어야만 타오르는 불꽃과 같이 외부적 지원이 없으면 생명력을 잃는 초라한 형상을 보인다. 이러한 내재적 동기의 감소는 행동의 결과에도 큰 영향을 미치는데 몰입도가 낮으니 수행 결과의 질도 낮을 뿐더러 스스로 하고자 하는 자기조절 능력도 저하된다. 즉 보상은 매력적인 혜택 이면에 숨겨진 날카로운 발톱을 감추고 있는 것이다.

그렇다면 보상의 역효과를 최소화하면서 보상이 주는 가치를 극대화 할 수 있는 방법은 무엇일까?

첫째, 보상에 대한 기대치를 조절하여야 한다. 이것을 하면 저것을 주겠다는 식의 조건적 약속을 이루었을 때 주어지는 인센티브는 만족이란 결과보다는 당연한 결과로 받아들일 수 있다. 예를 들어 반에서 1등을 하면 최신 스마트폰을 사주겠다는 약속은 1등을 했으니 당연히 최신 스마트폰을 받아야 한다는 당위성과 연결이 된다. 이것은 만족이란 감성의 풍요와는 사뭇 다른 것이다. 무조건 멋있고 크고 좋은 보상만이 만족을 이끄는 것이 아니다. 만족은 기대의 범위 안에서 조절되는 것이기 때문에 기대 수위를 어떻게 조절하느냐에 따라 만족의 수위도 달라진다. 그렇다면 보상에 대한 기대치를 낮추거나 없앤 상황에서 기대하지 않은 보상은 만족을 넘어 감동에까지 이르는 감성적 풍요를 제공할 수 있다.

둘째, '보상의 형태를 유형화하는가? 무형화하는가?'에 대한 고민이 필요하다. 돈이나 상품과 같은 유형화에 대한 보상은 내재적 동기를 감소시키는 경향을 보이지만 무형적 보상 즉, 칭찬이나 인정, 축하나 존경과 같은 언어적이고 상징적 보상은 내재적 동기를 강화하여 긍정적 방향의 동기를 활성화시킨다.[6]

외재적 동기인 돈, 물질, 유혹, 유인 등은 우리의 행동은 일으키고, 행동을 조절한다. 하지만 약이 독이 될 수도 있고 독이 약이 될 수도 있듯이 동기를 일으키기 위한 동기가 동기를 저해하는 동기가 되기도 한다. 외재적 동기는 흔히 흥미롭지 않거나 창의적이지 않은 일에 활력을 불러일으키는 것은 사실이다. 하지만 세상살이가 재미있고 신나는 일만 있는 것은 아니다. 오히려 흥미롭지 않은 일들이 훨씬 많다. 의무에 의해, 책임에 의해 기계적으로 행하는 것들이 태반이다. 인간을 움직이게 하면서 움직

6   Deci, E. L. (1972). Intrinsic motivation, extrinsic reinforcement, and inequity. Journal of personality and social psychology, 22, 113-120.

임을 지속하게 하는 동기 가운데 외재적 동기는 다양한 상황에서 양날의 검과 같이 작용한다. 검을 휘두를 것인지, 검에 휘둘릴 것인지는 자신이 판단해야 할 문제이다.

Part 2
관계에 의해 창조되는
융합적인 에너지

인간을 움직이게 하고 그것을 유지 또는 멈추게 하는 힘은 어디에서 오는 것일까?
Part 2에서 제시되는 모티베이션의 세 가지 요인은 동기가 지향하는 경향성에 대해
설명하고 있다. 이는 관계에 의해 창조되는 융합적인 에너지라 표현할 수 있다. 동기가
지향하는 경향성이란 동기가 나아가고자 하는 방향에 대한 성향을 의미한다.

경향성은 동기가 가진 근본적 특성(성향)에 관한 설명으로, 칸트철학에서는 습관적인
감성적 욕망을 이르는 말로 풀이되곤 한다.
Part 2에서는 동기에 대한 근본적 이해를 통해 스스로에게 더욱 강력한 동기를 부여하
는 방법에 대해 살펴본다.

MOTIVATION 10.0

M money

O object

T temptation

I incentive

V values ———————————————————————————————

A approach & avoidance

T target

I image

O origin

N nature

Chapter 05

하나 더하기 하나
그 이상의 의미
Values

2차 세계대전 당시 나치의 유태인 학살 정책은 간악하고 잔인무도하기로 유명하다. 하지만 이러한 극악한 상황에서도 유대인의 정신적 뿌리가 흔들리지 않자 나치는 유대인의 육체뿐만 아니라 정신까지도 몰살시키려는 정책을 펼쳤다. 나치는 포로수용소에 감금된 유대인들에게 아침부터 저녁까지 땅을 파게 하였다. 그리고 다음날 어제 판 땅을 하루 종일 덮게 하였다. 다음날 땅을 파면 그 다음날 다시 묻는 행동을 계속적으로 반복하게 했다. 아무런 가치 없는 일을 끝도 없이 반복하게 되자 희망이 없어진 유대인들은 병들고 지쳐 스스로 삶을 포기하기에 이르렀다. 나치는 인간의 삶에서 의미란 가치를 도려내면서 서서히 말라 죽게 만드는 비열한 잔혹함을 보였다. 유대인에게 가치 없는 삶을 산다는 것은 죽음보다 더 무섭고 비참한 것이었다.

인간은 생각하는 동물이다. 생각하기 때문에 자연히 욕구가 발생하고 욕구가 발생하기 때문에 그것을 이루기 위해 움직이는 것이다. 물론 생각 없이 움직이는 것도 있다. 목이 말라 물을 마시거나, 음식을 먹거나, 배변을 하는 따위의 행위는 본능에 가까운 생리적 욕구이기에 별다른 생각 없이도 인간을 움직이게 한다. 하지만 산소가 희박한 눈 덮인 산을 오르거나, 생명의 위협을 느끼면서 정글을 탐험하거나, 며칠을 밤을 새워 연구에 몰입하는 사람들의 행동을 유발하게 하는 욕구는 무엇이기에 한계를 극복한 도전을 가능하게 하는 것일까?

그들의 생각이 욕구를 어떻게 조절하였기에 이 같은 일들이 가능해지는가에 대한 의문으로 동기에 대해 접근해 본다.

한 가지 상황 vs 다양한 해석

코끼리를 냉장고에 넣는 방법에 대해 다양한 해석이 있다.

가장 일반적으로 제안된 방법은 냉장고 문을 열고, 코끼리를 집어넣고, 냉장고 문을 닫는다는 구체적 방법에 대한 관점이 배제된 해석이다. 여기서 좀 더 구체적 관점으로 방법을 연구한 다양한 해석을 살펴보자.

기계공학자의 관점에선 코끼리가 들어갈 만한 큰 냉장고를 만들어 집어넣으면 된다. 유전공학자의 관점에선 코끼리를 암수 한 마리씩 구해 수정시킨 후 수정란을 냉장고에 넣으면 된다. 식품공학자는 코끼리를 도축하여 통조림으로 만들어 넣으면 된다. 좀 더 해학적 표현을 살펴보면 심리학자는 강아지에게 최면을 걸어 코끼리라 인식하게 한 후에 냉장고에 넣고, 정신분석학자는 코끼리가 냉장고에 들어가는 꿈을 꾸면 해결이 된다고 한다. 법학자는 코끼리의 거주 지역을 냉장고라고 부르게 하는 법률을 제정하면 해결이 된다고 하고, 경찰행정학자는 강아지를 고문하여 코끼리라 자백받은 후에 냉장고에 집어넣으면 된다고 한다. 정치학자는 뇌물을 주어 코끼리가 냉장고에 들어갔다는 여론을 조작한다. 종교학자는 코끼리가 죽은 뒤 그 영혼을 모시는 사당을 냉장고라 믿게 하여 머물게 한다고 제안한다.

이렇듯 코끼리를 냉장고에 넣는 방법이 다양하게 묘사되는 것은 생각의 관점이 다양하기 때문에 가능하다. 즉 어떠한 생각의 틀로 세상을 보느냐에 따라 하나의 현상도 다양하게 해석될 수 있다. 이러한 생각의 틀을 심리학에서 프레임이라 한다. 공학도와 심리학자, 정치가의 생각의 관점, 즉 프레임은 다를 수밖에 없다. 그것은 자신이 가장 익숙하고 잘 안다고 인지하는 관점으로 현상을 해석하기 때문이다. 사람들마다 관심 분야가 다르고 지식수준이 다르고 습득된 경험은 다르기 마련이다. 기계공학자는 코끼리를 넣을 수 있는 큰 냉장고를 만들기 위해 코끼리의 크기와 부피부터 분석할 것이다. 정치인은 코끼리에 대한 국민들의 여론조사를 먼저 시행할 것이고 심리학자는 코끼리에게 최면을 거는 방법에 대해 고민할 것이다. 즉 생각의 관점이 어디에서 출발하느냐에 따라 상황에 대한 이해가 달리 해석되고, 이러한 해석을 바탕으로 행동이 표출된다. 그러기에 세상을 바라보는 관점을 어디에 두느냐에 따라 생각을 다양하게 변화하고 그렇게 변화된 생각은 행동의 방향과 강도를 결정한다.

어느 나라에 임금님의 사랑을 독차지하는 공주가 있었다. 어느 날 공주는 임금님에게 평생소원이 있으니 꼭 들어달라고 간청하였다. 임금님은 흔쾌히 들어주기로 약속하고 소원을 물었다. 공주의 소원은 밤마다 뜨는 하늘의 달을 따 달라는 것이었다. 난감해진 임금은 전체 신하를 모아놓고 밤하늘의 달을 따오는 자에게 큰 상을 주겠다고 선포하고 그들을 다그쳤다. 천체물리학자, 수학자, 과학자 등이 모여 달을 따는 방법에 대해 수없는 회의와 궁리를 하였지만, 결론을 얻지 못했다.

그때 한 광대가 문제를 해결하였다. 광대는 공주에게 가서 "공주님, 달이 얼마나 큰가요? 또 어떻게 생겼나요?" 라고 물었다. 한심한 듯 광대를 바라보던 공주는 "바보야, 달은 나의 새끼손톱만 하고 둥글고 황금으로 만들어져서 반짝거리잖아. 난 달을 목걸이로 만들어 달고 다닐 거야." 광대는 바로 손톱만 한 둥근 황금을 매단 목걸이를 만들어 공주에게 선물하였다. 공주는 크게 기뻐하였다. 하지만 대신들 사이에 큰 걱정이 생겼다. 밤하늘의 달을 땄다고 공주에게 거짓말을 하였는데 다음날 다시 달이 뜨면 거짓이 탄로 날 것이니 큰일이라고 우왕좌왕하였다. 광대는 태연히 그 광경을 지켜보았다. 그리곤 다음날 달이 뜨자 광대는 공주에게 다시 물었다. "공주님, 달은 분명 공주님이 가지고 계신데 하늘에 떠 있는 저것은 뭐죠?" 그러자 공주는 웃으며 말하길

"넌 역시 바보네. 달은 따면 또 생기는 거야."

우리는 저마다 자신의 관점으로 생각하는 습성을 가지고 있다. 달을 따야 하는 상황 또한 자신의 관점으로 생각한 것이다. 그 생각의 틀은 자신의 지식과 경험에 비추어 가장 현명한 문제해결 방식을 제시할 것이고, 거기에 따라 행동은 움직일 것이다. 위의 이야기는 문제해결의 관점을 나자신이 아니라 상대의 입장에서 생각할 때, 보다 현명하고 빠르게 해결할 수 있다는 시사점을 제공한다. 뿐만 아니라 나와 상대의 관점은 항상 다를 수 있고, 누가 더 옳은지 그른지는 판단하기 어렵다는 것이다.

결혼 전 사교성이 좋아 대인관계가 매우 원만했던 한 사내가 있었다. 그런데 그 사내는 결혼하면서부터 외부 사람을 만나는 횟수를 점점 줄이고 꼭 필요한 모임이 아니고는 참석을 하지 않았으며, 그나마 참석했다가도 제일 먼저 집으로 가곤 했다. 주변 사람들은 그의 확연히 바뀐 태도를 보고 실망하기도 하고 은근히 뒤에서 좋지 않은 소리를 하기도 했다. '결혼하더니 이기적으로 바뀌었어. 마누라에게 잡혀 사나 봐. 자기만 가정이 있나?' 하며 뒤에서 수근거렸다. 세월이 5년 정도 흘렀을 무렵 그 사내는 주변 지인들을 집으로 초청했다. "오늘은 저에게 너무도 감사한 날입니다. 저의 아이가 처음으로 저와 눈을 맞추고 아빠라고 한 날입니다. 축하해 주세요." 그때 알게 된 사실인데 결혼 직후에 얻게 된 자식이 정신적 장애가 있었던 것이었다. 그래서 그 사내는 매일 퇴근과 동시에 아내와 함께 불편한 아이를 지극정성으로 보살폈던 것이었다.

"나에게 주어진 운명을 처음엔 받아들이기 힘들었어요. 하지만 아내와 함께 열심히 살다 보니 요즘은 예전보다 더 큰 행복을 느낍니다."

인간은 언뜻 보면 배려 깊고 이해심 많은 것처럼 보인다. 하지만 그것은 자신의 생각의 틀 안에서만 이루어진다. 이 생각의 틀을 넓히는 작업이 평생 해야 하는 공부일 것이다. 그래서 죽기 전까지 철 들기 힘든 것인가 보다.

생각의 확장

....

　하나의 현상에 다양한 관점 생각 이 존재한다는 사실, 그러한 생각은 인간에게 다름에 대한 인정을 통해, 보다 넓은 수용과 해석을 가질 수 있게 해 준다. 이처럼 생각은 여러 가지 관점을 통해 다양하게 해석되기도 하지만 새로운 의미부여를 통해 확장되기도 한다. 사람이나 사물, 또는 상황에 '의미'를 부여한다는 것은 생각의 확장을 통해 '가치'를 부여한다는 것과 같은 말이다.

　스위스의 '프라이탁'이란 회사는 버려지는 트럭용 덮개, 현수막, 타이어 등의 폐기물을 재활용하여 가방을 만드는 회사이다. 환경 폐기물은 디자이너의 손을 거쳐 세상에 단 하나밖에 없는 에코백으로 재탄생된다. 사람들은 희소성과 환경보호란 두 가지의 가치에 선 듯 지갑을 연다. 이 회사는 전 세계 350개 매장을 가지고 500억 원 이상의 수익을 창출한다.

2009년 11월 7일 911테러로 붕괴된 세계무역센터 쌍둥이빌딩 건물 잔해에서 수거한 철골 구조물을 녹여 만든 미 해군 군함 'USS 뉴욕호'의 취역식이 뉴욕항에서 있었다. "테러를 기억하자."는 국민들의 여론을 수렴하여 테러피해의 상징물의 잔해를 녹여 군함으로 재탄생 시킨 것이다. 무너진 빌딩 철골 잔해 7.5톤을 녹여 만든 뱃머리에는 약 3,000명이 숨졌던 세계무역센터 트윈 타워를 상징하는 형상물이 만들어졌고 선채에는 'Never Forget'이란 글이 새겨졌다. 전 세계인이 테러를 기억하고 다시는 이런 끔찍한 일이 발생하지 않기를 기원하는 마음에서 미 해군 군함에 상징적 의미를 부여한 것이다.

2차 세계대전에 사용되었던 폐군함을 녹여 만든 만년필이나 베를린 장벽이 무너진 잔해를 기념품으로 소지하는 것들이 위와 비슷한 이유에서 일 것이다. 한낱 미물에 불과한 것들 고철, 돌 따위가 상징성 테러나 전쟁, 분단 등의 아픈 상처를 기억하고 재발을 막자는 간절한 염원 이란 가치를 가지면서 생각은 확장하게 된다. 확장된 생각은 자신의 감정을 이끌어 적극적인 행동으로 유도한다.

이러한 사례는 비단 물질적인 것에만 적용되는 것이 아니라 정신적인 것, 즉 가치관의 확장으로도 나타난다.

인생을 움직이는 생각의 틀
가치관

가치관이란 자기 스스로가 가지는 일반적인 생각을 말하는 것으로 자신을 포함한 세계나 그 속의 대상에 대해 가지는 근본적 태도나 관점을 의미한다. 좀 더 쉽게 표현하자면 옳다고 생각하는 것, 바람직하다고 생각하는 것, 해야 할 것과 하지 말아야 할 것에 대한 명확한 생각을 말한다. 인생을 살아가는 동안 인간으로서 삶의 의미를 깨닫고, 보다 더 가치 있는 삶을 살기 위한 생각이 진화하는 방향으로 가치관도 성장한다. 스스로에게 가치 있는 삶을 부여하기 위해서 생각의 기준점이 되는 가치관에 대해 명확히 이해해야 된다. 가치관에 대한 이해는 삶에 대한 세 가지 질문을 통해 접근해 본다.

나는 왜 태어났는가?
나는 어떻게 살아갈 것인가?
나는 미래에 무엇이 될 것인가?

우선 왜? 태어났는가에 대한 질문부터 생각해보자. 인간이 스스로 탄생을 선택할 수는 없지만 태어난 이유는 살면서 선택할 수 있다. '나는 민족중흥의 역사적 사명을 띠고 이 땅에 태어났다.'는 국민교육헌장에서 제시하는 거창한 이유는 아니더라도 인간이 태어난 이유는 다양하게 존재한다. 여기에서 자신이 태어난 이유는 타인에 의해 정의되는 것이 아니라 오로지 자신에 의해서만 정의됨을 알아야 한다. 내 존재의 이유를 규정하는 단어가 사명 mission 이다. 즉, 사명은 오로지 나 스스로가 자신의 철학을 바탕으로 규정하고 지켜져야 하는 것이다. 물론 주변의 지인이나 멘토의 영향에 의해 다양하게 고려는 될지언정 최종 결정은 자신의 몫인 것이다.

그렇다면 가치관의 첫 번째 구성요소인 사명에 대한 규정은 어떻게 하는 것이 좋을까? 사명은 세상에 나란 존재가 진정성을 가지고 제공할 수 있는 진정한 가치에 대한 성찰을 통해 탄생한다.

여기 한 청소부가 있다.

"당신 여기서 무엇을 하시오?"

"보면 모르시오? 쓰레기를 주워담고 있잖소."

다른 한 청소부는 "나는 지금 지구를 깨끗하게 하고 있소."

여기 공사장에서 일하는 노동자가 있다.

"당신 여기서 무엇을 하시오?"

"벽돌을 나르고 있소."

또 다른 노동자는 "주변 사람들의 아픔을 덜어줄 병원을 짓고 있소."

위의 이야기는 도덕책이나 윤리책에 나올법한 이야기지만 시사하는 바는 매우 크다.

인간은 생각의 중심을 어디에다가 닻을 내리느냐에 따라 태도와 행동이 바뀐다. 똑같은 상황에서도 천국과 지옥을 맛볼 수 있다. '사돈이 땅을 사면 배가 아프다'는 관점과 '지인이 부자라서 내가 든든하다'란 관점은 오로지 내가 선택하는 것이다. 현상에 존재하는 사실은 땅의 명의가 사돈이란 것이다. 다만 이것을 바라보는 관점을 어디에 두느냐는 나의 태도와 행동에 큰 영향을 미친다. 즉, 우리의 행복이란 진정한 가치에 관점을 둔다면 가장 큰 수혜자는 내가 될 것이다. 사명은 이런 관점에서 규정되어야 바람직하다. 내가 존재하는 이유가 세계 인류 공영에 이바지해야 한다는 거창하고 담대해야만 하는 것은 아니지만, 진정성 있는 가치로 자기 스스로 몰입하고 또한 상대의 신뢰를 얻을 수 있다면 충분히 심혈을 기울일 가치가 있다.

다음으로 어떻게 살아갈 것인가? 에 대한 질문을 생각해보자.

이것은 살아가는 방법에 있어서 명확한 원칙과 기준을 설정하는 것이다. 즉, 의사결정을 할 때나, 태도를 취할 때나, 실행을 할 때 이정표가 되는 기준을 의미한다. 인간은 살아가면서 다양한 상황에 노출이 되고 그때마다 의사결정을 할 때 고민하게 된다. '어떻게 하는 것이 가장 좋을까?'에 대한 고민은 그때그때 다른 결정을 야기시키기도 한다. 이것은 인간이 가진 상황 적응력이라 포장할 수도 있지만, 실상은 원칙과 기본이 명확지 않음을 의미하기도 한다. 물론 상황에 따른 유연한 대처는 매우 전략적이기도 하지만 유연성이 지나쳐 형체가 명확하지 않다면 그것은 상대의 신뢰를 얻기가 힘들 것이다. 인간이 살아가면서 세워두어야 할 명확한 원칙과 기준을 핵심가치 core value 라 한다.

그렇다면 가치관의 두 번째 구성요소인 핵심가치 core values 에 대한 규정은 어떻게 하는 것이 좋을까?

앞서 핵심가치는 인생을 살아가는 이정표와 같다고 했다. 갈림길에서 이정표는 의사결정과 실행에 즉각적인 도움을 준다. 중요한 것은 이정표에 표시된 내용이 인생의 명확한 원칙과 기준을 제대로 반영하였는가의 문제이다.

핵심가치는 살아가는 동안 가장 중요하게 여기는 가치에 대한 성찰을 통해 탄생한다. 인간은 저마다 중요시하는 것들이 다르다. 먹는 것에 가치를 두는 이, 여행에 가치를 두는 이, 사람과의 관계에 가치를 두는 이, 성공에 가치를 두는 이, 취미생활에 가치를 두는 이 등 다양한 사람들이 존재한다. 여기에는 하찮거나 쓸모없는 것은 없다. 하지만 인생의 궁극적 목적이 행복추구라는 관점에서 중요도는 확연한 차이가 있다.

먹는 것에 가치를 두는 사람의 행복은 단지 먹는다는 것만은 아니다. 인생을 살아가면서 좋은 음식을 내가 원할 때 건강하게 오래오래 먹을 수 있을 때 진정 지속적인 행복을 누릴 것이다. 더 나아가 좋은 음식을 좋은 사람과 나눌 때 행복은 배가 될 것이다. 이런 사람은 좋은 음식을 먹기 위한 주변 여건을 만드는 데 집중해야 할 것이다. 비싼 음식값을 지불할 능력을 키우거나, 아니면 음식을 스스로 만들기 위해 요리를 배우거나, 싸고 맛있는 음식점을 찾기 위해 발품을 파는 따위의 다양한 노력들을 할 것이다. 더불어 맛난 음식을 오랫동안 즐기기 위해 건강한 몸을 만들기 위한 노력도 병행될 것이다. 불어난 체중을 관리하기 위해 식이요법이나 운동을 병행하거나 또는 건강보조 식품이나 다이어트 약품을 통해 건강한 몸을 만들기 위해 노력할 것이다. 이렇듯 먹는 것에 관심을 두는 이는 단지 음식에만 집착하는 것이 아니라 다른 중요한 핵심가치들이 병행되어야 지속적으로 행복을 유지할 수 있다는 것이다. 여기에는 음식과 더불어 건강, 관계, 성공 등의 핵심가치가 공존하는 것이다.

이렇듯 핵심가치는 개인이 살아가는 동안 가장 중요하게 생각하는 것을 지속적으로 유지하며 살아가기 위해 필요한 기준들이다.

자신의 핵심가치에 대해 깊이 생각해본 적이 있는가?

저자는 어떻게 살아갈 것인가에 대한 성찰을 통해 나만의 핵심가치를 규정하였다. '모든 일에 가치를 창조하는 사람이 되자'

The Value Creator. 거창하게 들릴지도 모르나 실상은 크든 작든 하는 일에 의미를 부여하고 최대한의 가치를 만들 수 있도록 최선을 다하자는 소박함이 내포되어 있다. 그렇다면 여기에서 가치란 무엇을 의미하는 것일까?

저자는 모티베이터로서 오랜 시간 동안 가치를 창조한다는 것에 집중했고 어떤 가치를 창조해야 궁극의 행복에 도달할 것인가에 몰입했다. 그래서 가치의 정의를 6가지로 규정하게 되었다.

V Variety 다양한 내용

전달할 수 있는 다양한 컨텐츠의 발굴과 전파를 통해 마르지 않는 샘물과 같이 세상을 풍요롭게 만든다.

A Advantage 우월한 혜택

느낄 수 있는 우월한 혜택 제공을 통해 더불어 가치 있는 삶을 영위한다.

L Lead 경쟁의 선두

우위를 차지할 수 있는 가치제안을 통해 지속적 경쟁 우위의 성장을 돕는다.

U Use 유용한 쓰임

유용하게 사용될 수 있는 실현 가능한 제안을 통해 실전에 필요한 성장을 돕는다.

U Uniqueness 독특한 차별

차별화된 독특성을 개발하여 성장 원동력으로 활용할 수 있도록 지원한다.

E Entertainment 재미와 감동

재미와 감동이란 요소를 삽입시켜 삶을 더욱더 행복하고 열정적이게 살 수 있도록 추구한다.

어떻게 살 것인가에 대한 저자의 생각은 여섯 가지의 VALUUE에 집약되어 있다. 매 순간 이런 가치를 만들기 위한 노력에 자문 自問 하고 또 자문 諮問 한다. 살아가는 방법에 대한 확실한 이정표인 핵심가치는 내가 어떻게 생각하고 행동할지에 대한 명확한 방향을 알려줄 것이다.

마지막으로 장차 무엇이 될 것인가? 에 대한 질문을 생각해 보자.

이 질문은 어려서부터 성인이 될 때까지 일상에서 흔히 듣게 되는 질문이다. 미래의 꿈, 즉 비전 vision 에 관한 것이기에 주변에서 항상 관심을 가지고 되묻는 질문이기도 하다. 그렇다면 왜? 사람들은 다른 사람의 꿈에 대해 관심이 많은 것일까? 그것은 상대가 꾸는 꿈을 통해 그 사람을 이해하고 예측할 수 있기 때문일 것이다. 현재 이 사람이 무엇을 위해 시간과 노력을 투자하는지, 어떤 가치를 소중히 생각하는지, 어떤 존재가 되길 희망하는지가 이 질문을 통해 대충 추측 가능하기에 단순한 질문 하나로 쉽게 해답을 얻으려 한다. 하지만 막상 이 질문을 받으면 선뜻 대답할 수 있는 사람은 몇이나 될까? 물론 어린 시절엔 막힘없이 대통령이니, 과학자니, 연예인이니 하면서 자신의 꿈을 명확하고 쉽게 얘기하는 경우가 많다. 하지만 시간과 더불어 많은 경험을 하고 환경을 이해하고 걸림돌을 눈치채면서부터 꿈은 쉽게 바뀌기도 하고 형체가 불분명해지기도 한다. 또한, 처음으로 꾼 꿈이 이루어졌다 해도 거기는 분명 종착역은 아니다. 다른 꿈으로 가기 위한 간이역이 될 수도 있고 다양한 꿈을 꿀 수 있는 플랫폼일 수도 있다. 어찌 되었건 명확한 꿈을 꾼다는 것은 변화무쌍한 삶의 현장에서 등대와 같은 존재임은 분명하다. 설령 등대가 바뀔 수

있다 하더라도 현재 최선을 다할 근거가 되기에 꿈은 명확하게 설정해야
한다.

그렇다면 비전은 어떻게 정해지는 것일까?

비전은 나의 꿈이다. 꿈은 내가 꾸고자 하는 대로 이루어질 수 있다. 그
렇기 때문에 진정 꿈꾸고 싶은 꿈을 찾아야 한다. 생각만 해도 마음이 설
레고 주먹에 힘이 들어가며 눈빛이 빛날 수 있는 원대하고 가슴 뛰는 목
표를 찾는 것이다. 이러한 가슴 떨림은 무의식에 존재하는 에너지까지도
꿈틀거리게 만든다. 밤을 지새우더라도, 밥을 먹지 않더라도, 설령 당장의
대가가 없더라도 엄청난 몰입과 열정을 만들어 낸다. 더불어 비전은 자신
에게는 가슴 설레는 원대한 목표임과 동시에 타인에게는 긍정적으로 공
감할 만한 가치가 있어야 한다. 아니면 그 가치를 설득을 통해 이끌어 낼
수 있어야 한다. 그래야만 시간과 노력의 투자에 대해 스스로에게도 타인
에게도 인정받을 수 있다. 결국, 세상은 공감하는 꿈들이 이루어지는 과
정을 통해 풍요롭게 된다고 볼 수 있을 것이다.

Insight

인간의 동기는 가치 지향적 경향성을 띤다. 이 말은 인간이 행동하는 목적과 강도는 가치가 높다고 판단되는 방향으로 움직인다는 것이다. 우리는 가치에 따라 움직이는 인간을 쉽게 본다. 매일의 사소한 시비거리에서부터 목숨을 거는 사상적 가치에 이르기까지 인간의 생각은 행동을 유발하고 이끌며 지속시킨다. 쇼핑을 하거나 공부를 할 때도, 직장을 구하거나 결혼을 할 때도, 종교적 사상이나 이념에 젖어 목숨을 소홀히 할 때도 인간의 동기를 자극하여 행동을 지배하는 것은 자기 스스로가 만든 생각의 틀 안에서 이루어진다. 생각은 어떻게 보느냐에 따라 다양한 관점을 가지게 되고 그러한 관점은 다양성에 대한 이해와 관용에 의해 성숙한다. 또한, 생각은 의미라는 가치를 부여함으로써 무궁무진하게 확장이 가능하다.

의미부여를 통해 가치를 증대시키는 행위는 마케팅에서 빈번히 이루어지고 있다. 어느 유명 배우가 영화제에서 들었던 가방, 대기업 CEO가 중요 계약에 싸인할 때 사용한 만년필, 대통령이 보안을 목적으로 사용하는 휴대폰 등과 같이 스토리텔링으로 범벅되어 소비자를 현혹하고 있다. 마케팅에서 스토리텔링이나 감성 마케팅, 체험 마케팅 등이 제품이나 서비스의 의미부여를 통해 가치를 확장시켜 구매를 유도하는 것들이다.

내가 세상에 태어난 이유를 스스로 규정하고 내가 살아가는 방식을 스스로 찾고 나의 미래 모습에 대한 확실한 신념은 나의 가치관을 통해 정립될 수 있다. 가치관은 내가 인생을 살아가기 위한 생각의 기준이 되는 것이다.

그렇다면 명확한 가치관을 가진 자와 그렇지 않은 자의 차이점은 어디에서 찾을 수 있을까?

첫째, 명확한 가치관을 가진 자는 뚜렷한 목표의식이 있다. 즉 생각의 방향이 명확하다는 것이다. 이러한 목표의식은 동기를 자극하여 행동을 일으키고 지속적으로 활성화 시킨다. 고통을 감수하며 목표 달성이 주는 가치를 위해 에너지를 집중시키는 것이다. 반면 가치관의 부재는 목표의 부재로 나타난다. 목표가 없다는 것은 동기가 없다는 뜻이다. 즉 무동기 상태에서의 인간은 어떠한 가치도 기대하기 힘들다. 동기가 없다는 것은 에너지의 방향이 없어 어떠한 곳에도 몰입이 유도되지 않는다. 몰입이 없으니 성과도 기대할 수 없는 것이다. 스스로에게 명확한 가치관을 규정하는 것은 동기를 활성화 시켜 행동 에너지의 명확한 방향을 설정하는 것이다.

둘째, 가치관이 뚜렷하게 설정된 사람은 행동의 지속성을 높여준다. 가치관의 세 가지 요인 가운데 미션 존재의 이유 과 비전 원하는 미래상 은 움직여야 하는 이유인 동기의 방향과 강도를 결정한다. 쉽게 말해 존재하는 이유인 미션의 규정을 통해 동기의 방향이 설정되고, 원하는 미래상인 비전에 접근하기 위해 동기의 강도가 결정된다. 자기 스스로 결정한 미션과 비전은 강력한 동기 에너지가 되고 그것을 이루고자 하는 욕망은 지속적 몰입을 유도한다. 에너지를 보충해야 성장이 가능하듯이 미션과 비전을 달성하고자 하는 에너지는 몰입을 유도하여 지속적 성장을 가능케 한다.

셋째, 가치관이 명확하면 의사결정의 일관성을 유지한다. 우리는 '늘 한결같다'는 표현을 좋은 의미로 사용할 때가 많다. 특히 한 인간의 인성과 관련되어 한결같다는 의미는 신뢰를 상징하는 성실하다는 이미지와 일맥상통한다. 이익과 손해 앞에서도, 많이 가진 자와 적게 가진 자 앞에서도, 권력과 아부 사이에서도 한결같음을 유지하기란 쉽지가 않은 것이 사실이다. 이러한 갈등 상황에 한결같음을 유지하게 해 주는 것이 가치관이다. 옳고 그름에 대한 스스로의 생각의 방향이 의사결정의 일관성으로 나타나고 그것은 행동의 일관성으로 표현되면서 성실한 이미지로 상대방의 신뢰를 얻게 된다. 즉 가치관은 일관성 있는 행동을 통해 사회적 관계인 신뢰 형성에도 긍정적 영향을 미친다.

인간의 생각에 대한 틀은 다양함에 관대해지고 의미부여를 통해 확장되면서, 점점 사회적으로 진화되어 간다. 좋은 생각을 위한 생각은 다양함과 의미부여를 통해 인간의 진화를 돕는다. 결국, 진화란 더 생존하기 우수한 방향으로 자신을 거듭나게 하는 것이다. 가치 지향적 동기가 인간의 진화를 돕는다는 것은 분명한 사실이다.

MOTIVATION 10.0

M money
O object
T temptation
I incentive
V values
A approach & avoidance ——————————————————————
T target
I image
O origin
N nature

Chapter 06

다가가기와 멀어지기

Approach & Avoidance

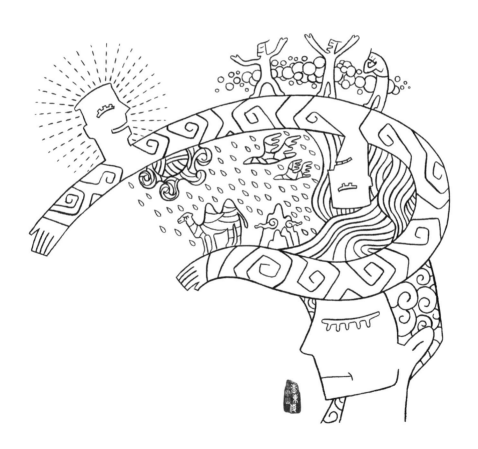

취업을 준비하는 두 청년이 있다. 이 청년들은 취업하기 위해 열심히 노력하고 있다. 학업 성적 관리를 꾸준히 하여 높은 점수대의 평점을 유지하고 있으며, 외국어 실력도 충분히 갖추고 인턴 체험을 통해 현장 경험도 차곡차곡 쌓아 나가고 있다. 뿐만 아니라 호감 가는 외모를 갖추기 위해 꾸준히 운동도 하며 피부에도 신경 쓰고 있다.

누가 봐도 두 청년은 열심히 취업을 준비하는 모범생으로 보인다. 그렇다면 이 청년들이 열심히 노력하는 동기는 같은 것일까? 취업이란 동일한 목표를 갖고 열심히 노력하는 것이기에 언뜻 보면 동기가 같아 보일 수 있다. 하지만 면밀히 관찰해보면 그 내면에는 엄청난 차이가 존재할 수 있다.

한 청년은 자신이 전공한 분야의 학문이 흥미가 있고 재미를 느낀다. 그래서 그것을 지속적으로 하고 싶어 관련 분야의 직업을 찾는다. 자신이 원하는 일을 할 수 있는 직업을 갖기 위해서 준비해야 할 일들과 체득해야 할 경험들을 이뤄나가면서 최선을 다한다. 설령 원하는 직장에 취업이 안 되었다고 해서 실망하기보다는 더 좋은 직장을 구할 수 있는 기회라 생각하고 좋은 곳에 취업을 할 수 있다는 희망을 갖는다.

소위 말하는 좋은 직장에 취직하게 되면 주변의 부러움도 살 것이고 가족이나 친척들의 인정과 축하도 받게 될 것이다. 자존감은 높아질 것이고 만족과 행복도 커질 것이다. 이 청년에게 있어 취업에서의 성공은 가슴 벅찬 설렘이고 기쁨이자 만족이며 자부심이어서 반드시 이루기 위해 최선을 다한다.

다른 한 청년도 직업을 구하고 있다. 그 또한 좋은 직장을 구하기 위한 조건을 준비하느라 바쁘게 하루를 살고 있다. 하지만 원하는 직업을 구한다는 것이 낙타가 바늘구멍 통과하는 것만큼 어렵고 경쟁은 전쟁에 가깝도록 치열하다는 것을 잘 안다. 주변에서는 빨리 취업하라는 압박이 거세지고 스스로도 취직을 할 수 없을까봐 불안하고 걱정된다.

얼마 전에 교내에서 실시한 모의 면접 테스트에서 긴장한 나머지 좋지 못한 평점을 받았다. 불안은 가중되어 실전에서 잘할 수 있겠다는 자신감도 떨어졌다. 하지만 더 무서운 것은 취업하지 못하는 데서 오는 주변 사람들의 무시와 멸시의 태도이다. 만약 오랫동안 취업을 못 하고 있으면 주변 사람들의 태도는 더욱 냉정해질 것이고 사회에서 낙오된 인간으로 치부될까봐 두려움과 불안은 가중된다. 이 청년에게 있어 취업에서의 실패는 개인적인 모욕감과 비통함을 안겨주며 주변 사람들의 멸시와 무시를 유발하여 고통과 슬픔을 느끼게 하는 피하고 싶은 상황이라 이렇게 되지 않기 위해 최선을 다한다.

위의 사례에 등장하는 두 청년의 과정과 결론은 유사하다. 취업을 위해 다양한 노력을 하고 또한 최선을 다한다는 것이다. 하지만 취직을 꼭 해야 하는 동기는 판이하게 다르다. 첫 번째 청년은 취업이라는 사회적 성공에 접근하기 위해 열심히 다가가는 것이고, 두 번째 청년은 실업이라는 사회적 실패로부터 벗어나기 위해 열심히 멀어지는 것이다. 얼핏 보면 성공에 다가가는 공식과 실패에 멀어지는 공식은 비슷한 결과를 초래하기 때문에 혼동할 수도 있다. 하지만 이 두 가지 상황은 감정에 있어 확연한 차이를 보인다.

다시 말해 원하는 상황에 대해 접근하고자 하는 경향과 원하지 않는 상황에 대해 회피하고자 하는 경향은 인간 내면의 감정 혹은 정서의 전혀 다른 결론에 도달하는 것을 알 수 있다. 성공에 접근하고자 하는 접근동기가 활성화된 사람이 성취했을 때는 기쁨과 환희, 또는 행복감을 느낀다. 반면 실패로부터 회피하고자 하는 회피동기가 활성화된 사람이 성취했을 때는 안도와 평안함을 느낀다. 반대로 접근동기가 활성화된 사람이 실패를 하면 슬픔을 느끼는 반면, 회피동기가 활성화된 사람에게 실패는 불안을 초래한다.

결론적으로 성취에 대해 접근하려는 동기를 가진 자는 성공했을 때는 기쁨을 느끼고 실패했을 때는 슬픔을 느끼지만, 실패에 대해 회피동기를 가진 자는 성공했을 때 안도감을 느끼고 실패했을 때는 불안감을 느낀다.

인간은 쾌락에 접근하고 고통을 회피한다는 쾌락주의원리는 그간 인간의 동기와 관련된 법칙을 설명하는 대표적 이론이다.[7]

인간은 본능적으로 좋은 것에는 다가가기를 원하고 싫은 것으로부터는 멀어지기를 원한다. 이러한 심리적 본능은 다가가려는 접근동기와 멀어지려는 회피동기로 나타난다.[8] 즉 접근 지향志向 적 경향성과 회피 지양止揚 적 경향성을 나타내는 것이다. 그렇다면 다가가기를 원하는 접근동기를 유발하는 것과 멀어지기를 원하는 회피동기를 유발하는 것에는 어떤 것들이 있을까? 그리고 인간의 행동을 유발하고 지속하게 하는 데는 어떤 동기가 더 유효할까?

---

7   Higgins, T. E. (1997). Beyond pleasure and pain. American Psychologist, 5(12), 1280-1300.

8   Elliot, A. J. (1999). approach and avoidance motivation and achievement goals. Educational psychologist, 34, 169-189.

무엇에 다가가고
무엇으로부터 멀어지기를 원하는가?

약을 먹는 상황을 예를 들어 보자. 비타민이나 자양강장제와 같이 좀 더 건강한 삶에 다가가기 위해 복용하는 약이 있고 두통약이나 복통약과 같이 고통으로부터 멀어지기 위해 복용하는 약이 있다. 즉 우리는 건강에 접근하거나 또는 질병을 회피하기 위한 목적으로 약을 먹는다. 그러면 이 둘 중 무엇이 더 중요할까?

위의 사례에서는 후자가 더 중요해 보인다. 건강에 접근하는 상황보다는 질병을 회피하는 상황이 더 시급하게 느껴지기 때문이다. 하지만 취업의 사례에서는 성공에 접근하려는 상황과 실패에 멀어지려는 상황은 판단이 모호할 수 있다. 하지만 좀 더 면밀히 살펴보면 판단이 쉬워질 수도 있다.

취업이 된 상황을 예상해 보자. 성공에 접근하려는 동기가 활성화된 사람이 느끼는 감정은 기쁨과 행복인 반면 실패를 회피하려는 동기가 활성화된 사람의 감정은 안도와 평안이다. 그렇다면 기쁨과 안도 가운데 인간이 더 느끼고 싶은 감정은 무엇일까? 성취해서 느끼는 기쁨과 실패하지 않아서 느끼는 안도는 행복이란 잣대로 봤을 때 기쁨이 훨씬 크지 않을까? 그렇다면 이 경우는 전자의 경우가 더 중요해 보인다. 접근동기가 더 중요한지 회피동기가 더 중요한지는 주어진 상황에 따라 다르게 판단된다. 이런 결론은 접근동기를 더 활성화 시켜야 될 때와 회피동기를 더 활성화 시켜야 될 때가 상황에 따라 다르다는 것을 암시한다. 인간의 동기에 관해 충분히 이해하는 것은 접근동기와 회피동기에 대한 이해를 모두 포함한다.[9]

그렇다면 어떤 상황에선 접근동기를 활성화 시키고 어떤 상황에선 회피동기를 활성화 시킬까?

---

9   Carver, c. s. (2006). Approach, avoidance, and the self-regulation of affect and action. motivation and emotion, 30, 105-110.

성취를 위한 접근동기
예방을 위한 회피동기

운동장에 공을 가지고 노는 두 무리가 있다. 이들은 농구와 피구로 나누어 경기를 치르고 있다. 농구를 하는 무리는 공을 쟁취하기 위해 안간힘을 다하고 피구를 하는 무리에선 공을 피하기 위해 안간힘을 다 쓴다. 그렇다면 이 두 무리를 응원하는 방식은 어떻게 해야 이길 확률이 높아질까? 스포츠 경기이니만큼 무조건 이기라고 소리치기만 하면 되는 것일까?

농구를 하는 선수는 상대를 제치고 공 점유율이 높아야 이길 확률이 높다. 그들은 적극적으로 다가가 상대에게 도전적으로 행동해야 하는 접근동기가 활성화되어있다. 이럴 때는 응원 메시지는 "이겨라. 승리하라." 따위의 메시지가 효력이 있을 것이다. 즉 좋은 것을 획득하기 위해 접근하라는 동기를 자극하는 것이 더욱 효과가 높다.

반대로 피구를 하는 상황을 살펴보자. 피구에서도 적극적이고 도전적인 선수가 존재한다. 그들은 상대편의 공을 받아 공격권을 가지기 위해 적극적으로 나서다가 가장 먼저 아웃이 되는 경우가 많다. 피구와 같이 피해야 되는 상황에서 접근동기의 활성화는 원하지 않는 결과를 초래할 확률이 높아진다. 피구에서 승리하기 위해서는 "피해라. 도망가라." 따위의 응원 메시지가 더 효력이 있을 것이다. 결과적으로 스포츠의 특성에 맞게 동기를 활성화 시켰을 때 성취에 도달할 확률이 높아진다.

국민 건강을 위해 국가에서 정책적으로 캠페인을 벌인다고 가정해 보자. '손 씻기'와 '우유 마시기'를 예를 들어 살펴보자. 둘 다 건강을 위해 필요한 사항들이다. 하지만 두 방법 모두 추구하는 결과 국민건강 는 같지만 국민들의 동기부여 하는 방법은 다르다. '손 씻기'의 경우는 손을 씻어서 좋은 점 보다는 씻지 않았을 때 나쁜 점을 더 강조한다. 왜냐면 손 씻기의 궁극적 목표는 질병의 예방 차원이기 때문이다. 씻지 않은 손은 다양한 세균에 노출되어 신체를 병들게 하는 주요 원인이기에 질병으로부터 멀어지기 위해서는 손을 자주 씻어야 한다는 식으로 회피동기를 자극한다.

반대로 '우유 마시기'의 경우는 우유를 마시지 않았을 때 나타날 수 있는 나쁜 점보다 우유를 마셨을 때 나타나는 좋은 점을 강조한다. 궁극적으로 우유를 마시는 것은 튼튼하고 건강해지기 위한 것이지 병에 걸리지 않기 위함이 아니기 때문이다. 하루에 적당량 우유를 마시는 행동은 뼈도 튼튼, 키도 쑥쑥, 피부도 매끈하게 해 주기 때문이란 건강에 다가가는 접근동기를 자극해야 한다. 그래서 우유를 꾸준히 적당량 마시게끔 행동을 활성화 시킬 수 있는 것이다.

결론적으로 살펴보면 동기의 종류 접근 vs 회피 를 선택하는 것은 주어진 상황이 좋은 것을 갖기 위한 것인지 아니면 나쁜 것을 피하기 위한 것인지에 대한 구분을 먼저 하고 거기에 맞는 동기의 활성화 방법을 모색하는 것이 효과적이다. 성취를 위해서는 접근 지향적 동기, 예방을 위해서는 회피 지양적 동기가 활성화되어야 한다. 즉 일과 상황의 종류에 따라 동기의 유형이 다르며 적절한 동기의 활성화가 원하는 결과에 접근하고 원하지 않는 결과에 멀어지는 방법이다.

그렇다면 일이나 상황 이외에도 동기의 유형 구분이 필요한 경우가 있을까? 공부를 하거나 회사에서 프로젝트를 진행할 때 단기 목표를 설정해서 진행하는 경우와 장기 목표로 진행하는 경우가 있다. 그렇다면 여기에서도 서로 다른 동기의 자극이 필요할까?

내일 아침까지 중요한 프레젠테이션을 해야 하는 경우라고 가정해 보자. 팀장이 팀원들을 독려하는 상황에서 "우리는 잘할 수 있으니 열심히 하자." 라고 격려할 때와 "내일 발표를 잘못하면 우리 팀은 박살날 수도 있으니 분발해야 돼." 라고 독려할 경우에 어느 상황에서 팀원들의 동기가 더욱 자극될 것인가?

내일 시험을 앞둔 학생의 상황을 가정해 보자. 선생님이 공부하고 있는 학생에게 "공부는 삶의 가치를 높여주는 유익한 것이니 열심히 해라."는 격려의 말씀과 "내일 시험 못 치면 등급이 낮아질 수 있으니 열심히 해라." 는 독려의 말씀 가운데 어느 말씀에서 학생의 동기가 더욱 활성화될까?

반대의 가정을 살펴보자. 제약회사의 신약을 개발하는 프로젝트를 가정해 보자. 신약 개발은 많은 사전 조사와 테스트 및 임상 실험을 거치기에 긴 시간을 요구하는 장기 프로젝트이다. 이 상황에서 팀장이 "신약 개발은 우리 회사뿐만 아니라 사회적으로도 매우 중요한 일이기에 항상 자부심을 갖고 최선을 다하자." 라고 팀원들을 격려할 때와 "신약 개발이 되지 않으면 회사도 어려워지고 우리 팀도 사라질 수 있으니 최선을 다하자."라고 독려한다면 어느 메시지에서 팀원들이 더욱 긍정적으로 활성화 될까?

먼저 내일 중요한 프레젠테이션을 앞둔 상황과 신약 개발 프로젝트를 진행하는 상황을 비교해 보자. 두 가지 모두 다 매우 중요한 일임은 틀림없다. 다른 것은 주어진 시간의 양이 다르다는 것뿐이다. 시간이 짧게 느껴지는 상황과 시간이 길게 느껴지는 상황의 차이이다. 시급한 상황에서는 '잘할 수 있다'는 접근동기를 자극하는 메시지보다 '잘못하면 안 된다'는 회피동기를 자극하는 메시지가 효과가 높다. 시간을 비교적 길게 인지하는 일에 있어서는 '안 되면 큰일이야'라는 회피동기보다는 '잘되면 행복해진다'는 접근동기가 더욱 효과적이다.

시간이 짧을 때는 좀 더 구체적이고 세세하게 살펴보고 문제를 최소화하는 예방차원 방법적 접근이 필요하고, 시간이 길 때는 크게 보면서 비전을 설정하고 방향을 잡는 것이 필요하다. 또한, 짧게 갈 때는 강하고 공격적인 메시지가 효율적이고 길게 갈 때는 적극적이고 긍정적인 메시지가 효율적이다.

즉, 시간을 짧게 인지하여 시급하게 처리해야 할 일에 있어서는 회피동기가, 시간을 길게 인지하면서 장기적이고 비전적인 일에서는 접근동기의 자극이 더욱 효과적이다.

일상에서의
접근과 회피

    우리는 일상에서 사소한 일에서부터 중요한 일에 이르기까지 접근적 경향성과 회피적 경향성을 띠고 있다. 우리는 맛있는 점심을 먹기 위해 줄을 서서 기다리기도 하고 차를 타고 멀리 가기도 한다. 또한, 비싼 돈을 지불하기도 하고 주변에 맛집을 추천하기도 한다. 맛있는 즐거움에 도달하기 위해 여러 가지 대가를 지불하는 셈이다. 그만큼 맛있는 음식을 즐기겠다는 접근동기는 다양한 행동을 유발한다. 반대로 맛있는 음식을 회피하는 사람도 있다. 그들은 날씬함을 추구하기 위해 기름지거나 달콤한 것들을 회피한다. 고기와 튀김, 초콜릿과 아이스크림 같은 고열량 식품들은 다이어트의 적이다. 가급적 근처에 가지 않는 것이 상책이다. 이런 음식에 노출 빈도가 높아지면 자제력을 상실하기 쉽기 때문이다. 음식에 있어서도 접근동기가 활성화되기도 하고 회피동기가 활성화되기도 한다. 이 외에도 일상에서의 접근과 회피동기는 다양하게 존재한다. 칭찬이나 격려, 상금이나 선물 등은 주어진 일이나 상황에서 더 열심히 하려는 접근동기를 자극하고, 멸시나 비판, 체벌이나 벌금 등은 관련된 상황에서 회피동기를 자극한다.

일상의 한 토막을 살펴보자. 아침에 시끄러운 알람벨 소리에 잠을 깬다. 알람벨은 거슬리는 소음이란 불편함을 주기 때문에 그 불편함에서 벗어나기 위해 회피동기 벨을 끄고 일어나는 것이다. 욕실에 가서 세안과 샤워를 한다. 세안과 샤워는 깨끗하고 건강한 몸을 만들 수 있고 접근동기, 주변 사람들에게 악취와 불쾌감을 주지 않기에 회피동기 매일 거르지 않는다. 화장과 머리 다듬는 것도 잊지 않는다. 화장은 자신감을 높여주고 접근동기, 단점을 가려주기에 회피동기 매우 중요하다. 아침밥 먹으라는 엄마의 잔소리 때문에 회피동기 밥을 헐레벌떡 먹고, 차 조심하고 길조심하고 사람 조심하라는 엄마의 잔소리 회피동기 를 피해 서둘러 출근한다. 차를 타고 시동을 커자 안전벨트를 매라는 시끄러운 부저음 회피동기 이 들린다. 얼른 벨트를 매고 출발한다. 기분 좋아지는 음악을 들으며 접근동기, 오늘 해야 할 일을 잘 처리하기 위해 접근동기 머릿속에서 계획을 세운다. 내 앞차에서 신호가 주황색 불로 바뀌었다. 난 지난달에 낸 신호위반 벌금 회피동기 을 생각하며 급브레이크를 밟았다. 음악을 끄고 라디오를 켰다. 뉴스를 들으니 요즘 독감 바이러스가 유행한다고 한다. 점심시간을 이용해서 독감 예방 주사 회피동기 를 맞아야겠다고 생각한다. 월요일 출근길치고는 교통이 좋은 것 같다. 이번 주에 발표해야 할 보고서가 좋은 평가를 받을 것 같은 예감이 든다 접근동기. 회사 주차장에 도착했는데 좋은 자리에 주차 공간이 있다. 앗싸! 접근동기. 주차 후 만난 수위 아저씨에게 "감기 조심 하세요" 회피동기 라는 정겨운 인사말을 건넨다. 나의 출근길은 이렇게 정리된다. 온통 회피와 접근을 오가면서.

Insight

우리 모두는 동기가 지닌 양날의 검을 경험한다. 좋은 것에 접근하면서 기쁨과 희열을 느끼고 성공했을 때는 충만한 자존감을 예상할 수 있다. 반면 좋지 않은 것에서 멀어지기 위해 불안과 공포를 느끼고 실패했을 때는 모멸감과 수치를 예상할 것이다. 그래서 인간은 다가가고자 하는 접근동기와 멀어지고자 하는 회피동기 사이에서 적절한 균형을 이루고자 노력한다.[10]

우리는 창의와 혁신이 강조되는 변화무쌍한 시대를 살고 있다. 이러한 변화에 적응하며 새로운 가치를 창조하기 위해 우리는 어떤 방향으로 움직이고 에너지를 발산해야 하는 것일까?

창의적 아이디어의 도출과 그것을 실행하는 과정에서의 동기의 역할은 어떻게 구분되어야 할까?

---

10 Elliot, A. J. (2006). The hierarchical model of approach-avoidance motivation. Motivation and emotion, 30, 111-116.

먼저 창의적이고 혁신적인 아이디어의 도출과정을 살펴보자. 팀장이 팀원들의 다양한 아이디어를 이끌어 내고자 한다. 생각의 다양성을 취합해서 세상에 없는 아이디어를 도출하는 과정에서는 접근동기의 자극이 필요하다. 즉 숲을 보는 거시적 관점에서 걸림돌을 배제하고 다양한 생각에 대한 존중을 통해 자유로운 토론이 가능한 분위기를 조성해야 할 것이다. 채택된 아이디어에 대한 접근동기를 자극하는 인센티브 상, 칭찬, 보상금 등 를 장려하고 실패를 통해 성공에 이를 수 있다는 관점의 전환을 통해 적극적이고 도전적인 분위기를 만든다. 어떠한 제한이나 장벽도 없앤 상태에서 자유로운 의사를 전달할 수 있는 분위기를 만드는 것이다. 이런 상황이라면 다양한 아이디어의 도출을 예상할 수 있을 것이다.

　다음으로 도출된 아이디어를 취합하여 실행하는 과정이다. 이 과정에서는 많은 시간과 자금과 인력의 집중이 필요하다. 즉 대박이 될 것인가? 그렇지 않을 것인가에 대한 신중하고 세심한 점검이 필요하다. 그렇기 때문에 창의적 아이디어를 점검하고 실행할 때는 회피동기가 필요하다. 발생할 문제점들은 무엇인지, 효율적으로 예방할 수 있는 방법에는 어떤 것들이 있는지, 다양한 방법들 가운데 어떤 것이 가장 효과적일지에 대한 다각적이고 치밀한 점검이 필요하다. 이 상황에서는 나무를 보는 미시적 관점에서의 세부적 분석과 가능성의 타진이 필요하다.

　또한, 창의적 아이디어의 채택 후 구체적 실행에 있어 일의 유형에 따른 동기의 역할을 구분할 필요가 있다. 통합적이고 창의적인 사고가 필요할 때는 접근동기의 자극이 중요하다. 예를 들어 신제품 런칭을 위한 통합 광고 전략을 구상하거나 세일즈 역량 강화를 위한 다각적 지원 사업을 구상하는 따위의 일에는 접근동기의 자극이 효율적이다. 반면 실수를 용납할 수 없는 정밀한 일에서는 회피동기의 자극이 효율적이다. 신약 개발이나 기업의 통합적 위기관리 프로그램 작성 등과 같은 종류의 일에는 예방 관점의 동기가 더욱 필요하기 때문이다.

우리는 성취를 위해 다양한 욕구를 부여하고, 부여된 욕구는 우리를 움직이게 하는 동기로 발현되면서 열정과 몰입으로 행동하게 한다. 그 가운데 성공을 향해 다가가는 다양한 접근동기를 만나기도 하고, 실패 또는 두려움으로부터 멀어지기 위한 다양한 회피동기를 만나기도 한다. 이 두 가지의 접근과 회피 경향성은 무엇이 더 좋고 옳고의 개념은 아니다. 다양한 상황에 따라 어떤 것에 더 비중을 두어야 할지를 선택하는 것이 더욱 중요한 관건이다. 비록 개인적 성향이 원하든 원하지 않든 어떠한 성향을 무의식적으로 선택하게 하지만, 그럼에도 불구하고 선택의 주체가 '나' 자신이라는 통찰은 보다 현명한 선택에 이르게 도와준다.

MOTIVATION 10.0

M money
O object
T temptation
I incentive
V values
A approach & avoidance
T target ——————————————————————————
I image
O origin
N nature

Chapter 07

타겟이란 프레임의 힘

Target

한 TV 프로그램에서 개인별로 자신 있는 종목을 적어내어 복불복으로 대결을 펼쳐 벌칙을 면하는 게임을 시작하였다. 참가자 A씨가 윗몸일으키기를 적어내었고 운 좋게 그 종목은 채택되어 윗몸일으키기 시합이 시작되었다. 평소 운동으로 다져진 A씨는 탄탄한 복근을 자랑하며 열심히 윗몸일으키기를 했고 10초에 13개를 했다. 그의 승리는 보장된 듯 보였다. 다음 참가자로 B씨가 등장하여 그와 대결을 펼치는데 B씨는 평소 운동으로는 A씨와 대적이 안 되는 상대였다. 하지만 B씨는 포효하듯 "14개만 ~."을 외치면서 비범하게 자세를 취했다. 그는 머릿속에 온통 14개를 목표로 모든 세포를 집중시키는 듯 보였다. 결국, 10초 만에 그는 14개를 해치웠고 B씨는 결국 벌칙을 면하게 되었다.

이 둘의 대결은 예상과는 정반대의 결과를 보였다. 평소 B씨의 운동신경으로 봐서는 A씨를 도저히 이길 수 없는 상황이었다. 하지만 B씨가 이긴 이유는 A씨에 의해 강력한 목표가 발생했기 때문이다. 즉 [10초에 14개]라는 구체적이고 명확한 목표가 설정된 것이다. 비록 이루기엔 어려움이 예상되지만 불가능한 일도 아닌 것이다. 결국엔 뚜렷한 목표의 설정은 몰입과 열정을 만들어 내었고 성취란 결과를 안겨주었다. 만약에 B씨가 윗몸일으키기를 먼저 했다면 결과는 어떨까? 아니면 A씨가 도저히 따라잡을 수 없는 숫자로 기선제압을 했으면 어떨까? 만약 윗몸일으키기 승리에 대한 보상이 매력이 없었다면 어떨까? 아마도 B씨가 10초에 14개를 성공할 확률은 줄어들었을 것이다. 왜냐고? 그렇게 할 이유 목표가 없는 일에 힘을 쏟을 어리석은 인간은 드물기 때문이다.

> 목표가 없는 사람은 목표가 있는 사람을 위해
> 평생 일해야 하는 종신형에 처해져 있다.
> — 브라이언 트레이시, 컨설턴트

목표를 설정한다는 것은 인간을 움직이게 하는 힘을 가지고 있다. 좀 더 구체적으로 설명하자면 스마트한 목표설정은 인간을 효율적으로 움직이게 한다. 효율은 효과를 보장할 확률이 높다. 과정에서의 효율은 결과에서의 효과를 정적으로 지지한다. 효율적 행동의 결과는 성취나 승리를 거둘 확률이 높아지는 것이다. 인간을 움직이게 하고, 움직임의 방향이나 강도를 조절하는 모티베이션의 중요한 요인 가운데 목표 Target 가 있다. 또한, 목표가 있는 사람은 목표가 없는 사람보다 수행 능력이 뛰어나다.[11]

동기는 목표 지향적 경향성을 띤다. 즉 목표가 명확할수록 방향이 뚜렷해지고 에너지도 더 커지는 법이다.

> 목표에 다가갈수록 더욱 큰 고난에 직면하게 된다.
> 마치 새벽이 다가올수록 더욱 어두워지는 것처럼…
> – 요한 볼프강 폰 괴테, 작가 / 철학자

---

11 Locke, E. A. (1996). Motivation through conscious goal setting. Applied and preventive psychologist, 5, 117-124.

성취를 위한 목표

작년에 입던 바지를 꺼내 입어본다. 바지는 당신이 작년과 몸이 많이 달라졌다고 말을 한다. 꽉 쫄리는 바지통과 올라가지 않는 지퍼는 일 년 전의 내 모습을 떠올리게 하면서 다이어트에 대한 강한 욕구를 불러일으킨다. 다가오는 여름까지 한 달여가 남았으니 그때까지는 살을 빼서 비키니 수영복을 입겠다는 생각을 가지고 오늘까지만 먹고 내일부터 다이어트에 돌입하기로 맘먹는다. 최선을 다하자는 굳은 각오를 다지며 세부적인 계획을 세우기 시작한다.

일단 출근 전에 근처 공원을 30분가량 가볍게 뛰고 아침밥은 우유와 다이어트 시리얼로 대체 할 것이다. 점심은 도시락을 싸서 칼로리를 조절하고 저녁 6시 이후엔 금식을 할 것이다. 회사에서 엘리베이터보다는 계단을 이용하고 좋아하는 커피는 시럽을 빼고 마실 것이다. 회사 생활 가운데 짬짬이 스트레칭을 하고 물을 자주 마셔서 수분을 보충해 준다. 귀가 후 러닝머신 30분을 뛰고 물을 한 잔 마시고 잔다. 완벽해 보이는 계획을 세우고 다이어트에 돌입하여 비교적 일주일을 계획대로 잘 수행하였다. 실도 약간 빠진 듯했다. 이 주차에 접어들자 여기저기서 다이어트를 방해하는 공작들이 펼쳐졌다. 아침에 내리는 비는 오전 조깅을 방해하고, 도시락을 싸는 일은 점점 귀찮아지고, 직원들 간의 회식은 금식하고자 하는 의지를 꺾기에 충분했다. 바쁜 일정으로 계단보다는 엘리베이터를 이용하게 되고 짬짬이 운동하겠다는 생각은 틈이 없다는 변명으로 바뀌게 되었다. 이러 저러한 방해물과 변명들이 난무한 가운데 한 달이 훌쩍 지나 버렸고 여전히 바지는 나에게 틈을 주지 않는다. 다이어트는 물 건너갔고 여름휴가는 비키니에 해변보다는 편안한 리조트에서 휴양하는 것으로 변경되었다. 비키니는 내년 여름에 입으면 된다고 스스로를 위로하면서 희망적인 변명을 늘어놓는다.

많은 사람들이 이와 유사한 경험을 가지고 있을 것이다. 다이어트나 금연, 또는 외국어 공부와 같이 반드시 필요하다고 인식하고 철저한 계획을 세워서 실행해 나가는데 결과는 그다지 성공적이지 못한 경험들. 중요성과 필요성을 충분히 인식함에도 불구하고 성공률이 낮은 이유는 무엇일까? 계획이 부실해서인가? 목표 설정이 잘못되어서인가? 나의 의지력 문제인가? 어쩔 수 없는 환경 탓인가? 무엇이 다이어트 금연, 외국어 공부 등 실패의 원인인가?

여기 또 다른 방법으로 다이어트를 준비하는 자가 있다. 거울을 본다. 거울은 다이어트가 필요한 부분을 여과 없이 보여준다. 예전에 날씬했던 과거를 회상하면서 다이어트에 대한 욕구를 일으킨다. 몇 번의 실패를 경험했기에 이번에는 좀 더 신중하게 다이어트에 대한 목표를 설정한다. '90일간 15kg 감량, 체지방률 50% 감소, 근력 20% 향상'이란 구체적이면서 도전적인 목표를 세운다. 우선 90일을 3단계로 구분하여 단계별 목표량을 세분화시킨다. 운동과 식습관을 병행하여 주 단위로 계획을 세운다. 스마트폰에 운동량과 식사 칼로리를 측정할 수 있는 앱을 깔고 초과되거나 미만인 부분을 체크하여 다음 계획에 반영한다. 운동 방법에 대한 구체적 계획을 설계한다. 하루에 만보 이상 걷기 위해 스마트폰에 만보기 앱을 깔아 일일 단위로 체크한다. 덕분에 엘리베이터보다는 계단을 이용하게 되고 교통수단을 이용하기보다는 걷고 있는 당신을 발견하게 된다. 식사 칼로리를 측정하는 앱에서는 오늘 식사량이 초과하였다고 듣기 싫은 부저음을 내뿜는가 하면 좋은 식단 구성이란 칭찬의 메시지도 전달한다. 주말에는 퍼스널 트레이너의 도움을 받아서 보다 정교하고 과학적으로 운동한다. 주 단위로 체지방량과 근력량을 측정하여 비교 분석해 가면서 계획을 수정해 나간다. 주변 회사 동료나 지인들에게 다이어트 중이라 선포하고 도움을 요청한다. 덕분에 회식에서의 음식 권유나 고칼로리 외식으로부터 조금은 자유로워질 수 있었다.

한 달이 지나자 목표치에 접근한 자신을 발견하고 스스로 대견하다 칭찬한다. 꾸준한 운동 덕분에 체력이 향상되어 운동의 강도와 시간도 점차 늘려가고 있다. 예전의 게으른 일상은 찾아보기 힘들어지고 눕기보다는 앉기를, 앉기보다는 서기를, 서기보다는 걷기를, 걷기보다는 뛰기를 생활화하는 당신을 발견한다. 습관이 변화하고 있는 것이다.

거울에 비친 자신의 모습을 보면서 점점 자신감이 상승하고 더 많이 노력하게 된다. 목표를 달성하게 되면 입을 옷과 패션 소품들을 미리 사둔다. 날씬해진 후 이 옷들을 입고 당당히 친구들을 만나는 모습을 상상하며 흐뭇해 한다. 시간이 지나면서 목표치에 다가가는 자신을 발견하면서 더 향상된 목표의 설정이 필요함을 느낀다.

사내에서 다이어트로 고민하는 동료들을 컨설팅해줄까? 아니면 다이어트 성공담을 담은 블로그를 운영해 볼까? 이참에 좀 더 노력해서 머슬 마니아 대회에 출전해 볼까? 따위의 향상된 목표는 당신을 더욱 동기부여하고 열정과 몰입을 이끌어 낸다.

우리는 위의 두 가지 사례를 통해 다이어트라는 목표에 성공하는 경우와 실패하는 경우를 살펴보았다. 두 경우 모두 목표를 설정하고 계획을 세워 실행한다는 공통점을 가지고 있지만, 결과는 판이하게 다르게 나타났다. 언뜻 보면 다이어트 실패의 이유가 의지력의 문제인 것으로 보인다. 물론 의지력도 중요하다. 하지만 목표를 설정하는 방법, 구체적으로 실천하는 방법, 지속적으로 실행하는 방법에 대한 세부적 사안들을 꼼꼼히 살펴보면 결과가 다를 것이라는 것을 쉽게 예측할 수 있다. 목표를 설정한다는 것만으로 동기부여는 충분하지 않다. 목표와 관련된 다양한 요인의 인과관계를 이해할 때 목표의 성공률은 높아질 것이다. 먼저 목표는 무엇으로부터 발생하는가? 에 대한 이해부터 시작하자.

조화를 이루기 위한 부조화

우리는 누구나가 이상적인 자신의 모습을 꿈꾼다. 날씬한 모습의 나, 외국어를 능숙하게 구사하는 나, 담배를 피우지 않는 나, 매력적인 모습의 나, 성공한 나 등 현재의 모습보다 더 나은 자신의 모습으로 되기 위해 끊임없이 갈망하고 노력한다. 하지만 현실적 자아와 이상적 자아 사이에는 거리감이 존재한다. 이러한 거리감이 가까울수록 현실과 이상 간의 조화 congruity에 근접하게 되고, 멀수록 부조화 incongruity는 심해진다. 우리는 '현재 진행되고 있는 것'과 '이상적으로 바라는 것'이 일치하지 않는다는 사실을 느낄 때 동기 에너지를 생성한다. 즉 현실과 이상과의 불일치를 축소하고자 하는 욕망은 강력한 동기를 생성하게 되는 것이다.

풍뚱한 몸과 날씬한 몸 사이의 불일치를 감소하기 위해 치밀한 다이어트 계획을 세우고, 혹독하게 행동으로 옮기고, 피드백을 통해 점검과 평가를 하여 불일치가 제거되었을 때 일치되었을 때 비로소 행동을 멈추게 된다.

인간이 불일치를 감소하는 방향으로 동기를 생성하듯 불일치를 생성하는 방향 역시 강력한 동기 에너지를 갖는다.[12] 앞서 예를 든 상황을 다시

---

12 Bandura, A. (1989). Human agency in social cognitive theory. American psychologist, 44, 1175-1184.

살펴보자. 90일 안에 목표치를 이룸과 동시에 새로운 목표치가 생성되었다. 바로 머슬마니아 대회에 참가하기로 결정한 것이다. 퍼스널 트레이너의 적극적 추천에 동기를 받아 강력한 도전의식이 생성된 것이 원인이다. 새로운 목표의 생성은 새로운 불일치의 생성과 뜻을 같이한다.

머슬마니아 대회 참가자로서의 부족한 부분은 더욱 체계적인 운동과 식단관리를 통해 채워져야 한다. 살을 빼기 위한 도전은 매력적인 몸을 만들기 위한 도전으로 격상되어 강도 높은 훈련과 치밀한 식단관리를 견뎌내야 한다. 신체의 각 부위에 아름다운 근육 라인을 만들기 위해 운동의 종류도 더욱 정교해지고 매력적인 자세를 연출하기 위해 미소 연습과 포즈 연습도 병행해야 한다.

대회 참가자로서의 불일치 조건을 최소화하기 위한 노력은 더욱 강도가 높아지고 꼭 이루겠다는 열정은 지독한 끈기로 나타난다. 비로소 대회 참가자로서의 합격 통지를 받아 대회를 준비하는 상황에서는 또다시 새로운 목표가 생성된다. 이왕 대회에 참가했으니 입상의 영광도 누려보고 싶은 것이다. 경쟁자들보다 우위에 서기 위한 새로운 전략과 노력이 필요해지는 것이다.

인간의 욕심은 끝이 없다 했던가? 욕심이란 욕구의 속된 표현으로 동기를 불러일으키는 핵심 요인이다. 우리는 현실과 이상 사이에서의 불일치를 감소시키기 위해 목표를 설정하고 계획을 세워 실천한다. 일차적으로 목표를 달성하고 난 후에는 더 향상된 자기를 개발하기 위해 또 다른 불일치를 찾아 새로운 목표를 설정하여 도전하는 것이다. 이러한 과정들을 거쳐 인간은 점점 진화해 나가는 것이다.

효과적인 목표설정 방법

효율과 효과의 차이는 간단하다. 효율은 과정에서의 스마트함이고 효과는 결과에서의 스마트함을 의미한다. 목표는 성취와 관련된 노력이다. 성취란 과정을 의미하는 것이 아니라 일의 결과를 의미하는 것이다. 목표를 설정한다는 것은 원하는 결과를 분명히 규명하는 것이다.

앞선 사례를 통해 두 가지 타입의 목표 설정에 대해 살펴보았다. 결과적으로 하나의 사례는 실패란 결과를 또 하나의 사례는 성공이란 결과를 도출하였다. 누구나가 목표 앞에서는 '최선을 다한다'는 거창한 수식어를 달고 시작을 한다. 중요한 것은 '최선을 다한다'는 애매모호한 자세가 아니라 '어떻게 최선을 다할 것인가?' 라는 구체적 전략에 대한 모색이 필요한 것이다. 목표를 세운다는 것은 이룬다는 가정을 염두에 두고 세우는 것이기에 효과적인 목표 설정에 대한 방법이 필요하다. 여기에 목표 설정에 관한 몇 가지 전략을 제시한다.

첫 번째, 가장 대중적으로 알려진 목표설정 방법에 대한 것은 미국의 경영학자에 의해 제안되었다. 일찍이 경영의 구루 '피터 드러커 Peter Ferdinand Drucker'는 목표를 설정할 때 고려해야 할 다섯 가지를 'SMART' 하게 정의 내렸다. 목표는 구체적이고 S: specific, 측정 가능해야 하고 M: measurable, 달성 가능해야 하고 A: achievale, 현실적이고 R: realistic, 기한이 정해져 있어야 T: timed 한다는 것이다.

앞의 사례를 통해 살펴보자. 다이어트에 성공한 사례에서 '90일간 15kg 감량, 체지방률 50% 감소, 근력 20% 향상'이란 목표는 비교적 적절하게 목표 설정된 사례이다. 우선 현실적이고 달성 가능한 목표이다. 또한, 구체적이고 측정 가능한 목표이며 정확한 기한이 명시되어 있다. 목표는 설정방법이 SMART 할수록 이룰 가능성 또한 높을 것이다.

시대가 바뀌면서 목표설정 방법도 변화가 필요하다. 본 저자는 스마트한 방법에서 제시한 다섯 가지 요인들 간의 중복성을 통합하고 부족한 부분을 채워 새로운 개념의 목표설정 방법을 제안한다. 달성 가능성과 A: achievale, 현실적 R: realistic 을 통합하여 현실적으로 달성 가능한 P: possible, 전체적으로 종합한 O: overall, 구체적이며 명확한 S: specific, 정해진 기한의 T: timed 와 같이 네 가지 요인으로 정리하여 목표설정 방법으로 'POST' 하게 정의 내린다. 요약하면 기존의 스마트한 방법에서 제시한 현실적이고 실현 가능한 목표를 구체적으로 계획하되 마감기한을 정해 관리하는 방법에다가 전체적으로 종합하여 목표의 유형을 구분하여 계획한다는 것이다. 여기에는 풍선효과를 배제하고자 하는 의지가 담겨있다. 풍선효과는 풍선의 한쪽을 누르면 다른 한쪽이 불쑥 튀어나오는 현상을 말한 것으로, 어느 한 부분의 문제를 해결하고 나면 또 다른 부분에서 문제가 발생하는 현상을 빗대어 설명하는 말이다. 목표설정단계에서 전체적으로 종합한다는 O: overall 요인은 매우 중요하다.

그렇다면 종합적으로 전체를 고려한 목표설정은 어떻게 해야 하는가? 우선 목표 자체를 개인적 목표와 조직일적 목표와 관계적 목표로 구분할 필요가 있다. 인간은 사회적 동물이다 보니 개인과 일, 그리고 관계를 모두 고려하여 계획을 세워야 풍선효과를 방지할 수 있다. 앞선 사례에서 다이어트라는 목표는 지극히 개인적인 사안이지만 사회적 관계망을 고려하지 않으면 성공하기가 힘들다.

즉, 개인적인 사안과 일적인 사안, 사회 관계적인 사안을 종합적으로 고려하여 목표를 설정해야 한다는 것이다. 이 부분은 구제적인 실천 목표를 세울 때 더욱 필요하다. 다이어트라는 지극히 개인적인 일을 위해 다른 것들을 보류해 둘 수는 없는 것이다.

일과 사회적 관계의 병행 속에서 다이어트란 목표를 성취해 나가야 하기 때문에 세부적 계획에서 이 사안들을 면밀히 검토하여 계획을 세워야 한다. 즉 일에서 성취해야 할 목표와 사회적 관계에서 성취해야 할 목표가 서로 이율배반적이어서는 안 되며, 상호 협력적인 관계로 진행하여야 한다. 다이어트로 인한 자신감으로 일에서도 더욱 열정적으로 임하며, 주변 지인과의 관계도 더욱 좋아지는 방향으로의 진행이 필요하다.

두 번째, 목표설정에서 고려해야 할 것은 사안의 중요성과 시급성에 관한 고려를 바탕으로 목표의 우선순위를 정해야 한다는 것이다. 일을 진행할 때는 당연히 중요하고 시급한 것이 가장 우선이 된다. 다음으로 시급하지만 중요한 일들이 순차적으로 진행이 되고 다음으로 중요하지만 시급하지 않은 일들의 순서로 우선순위가 매겨진다. 하지만 목표를 설정할 때는 이와는 다른 경향을 띤다.

결론적으로 목표 설정 시엔 중요하지만 시급하지 않은 사안에 대한 목표를 우선적으로 고려해야 한다. 목표는 이루는 데 걸리는 기간에 따라 장기 목표와 단기 목표로 나눠진다. 예를 들어 외국어 공부나 전문 기술 터득 등과 같이 긴 시간을 요구하는 일과 간단한 기술 습득이나 단기 프로젝트 진행과 같이 비교적 짧은 시간 안에 결과를 도출하는 일들이 있다.

물론 이 가운데는 장기 목표를 달성해 나가기 위한 단계별 단기 목표들이 존재한다. 영어를 잘하기 위한 단계별 시험 성적 향상에 대한 기간별 목표나 피아니스트가 되기 위한 단계별 수행 목표 등이 여기에 해당한다. 목표를 설정할 때는 장기목표 또한 중요하지만 시급하지는 않은 일에 대해 먼저 심사숙고해야 한다. 왜냐면 목표 설정 자체가 미래지향적이어야 되기 때문이다. 중요하지만 시급하지 않다는 이유로 외면된 것들은 결국엔 치명적인 문제점으로 대두될 것이 뻔하다. 그다음이 중요하고 시급한 순으로 설정된다. 중요하고도 시급한 것들은 몰입을 유도할 수밖에 없다. 그렇다면 당연히 결과도 긍정적일 확률이 높다.

세 번째, 목표를 설정할 때 난이도에 대한 충분한 고려가 필요하다. 목표 달성이라는 효과를 극대화하기 위한 과정에서의 효율을 제고하여야 한다. 난이도의 수준이 어느 정도일 때 목표 달성에 따른 성취 수준을 최상으로 유도해 낼 수 있을까? 통상적으로 쉬운 목표는 가치가 낮기 마련이고 어려운 목표는 의미 있는 가치를 제공해 준다. 목표 난이도가 높을수록 노력의 강도는 비례한다.[13] 뿐만 아니라 목표가 어려울수록 이루고자 하는 욕구는 더욱 활성화되어 수행자에게 열정과 몰입을 유도한다.

또한, 어려운 목표를 달성했을 때의 감정은 기쁨과 만족뿐만 아니라 자

13 Tubbs, M. E. (1986). Goal-setting: A meta-analysis examination of the empirical evidence. Journal of applied psychologist, 71, 474-483.

존감에도 큰 영향을 미친다. 자존감이 충만하면 새로운 목표 설정에도 긍정적인 기여를 하여 더 높은 목표 설정과 더 나은 수행을 할 수 있도록 돕는다. 종합적으로 목표의 난이도가 높을수록 더 많은 노력을 투여한다. 하지만 이 공식은 난이도가 불가능에 가깝다고 느껴질 때는 역효과가 난다. 반에서 꼴찌 하는 학생에게 반에서 1등 하라는 목표 설정은 수행자로 하여금 포기라는 쉬운 카드를 선택하게 하는 원인이 된다. 목표 설정 시에 가장 좋은 난이도는 실현 가능하면서 도전 가능한 수준에서의 어려운 목표이다. '도전'과 '포기' 사이를 오가는 변곡점은 결국은 난이도에 의해 결정되기도 한다.

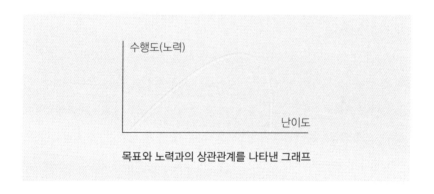

목표와 노력과의 상관관계를 나타낸 그래프

존 엣킨슨John Atkinson 의 모형에 따르면 목표를 성취하고자 하는 행동은 세 가지 요인에 의해 결정된다고 하였다.

· 성취행동
= 개인의 성취욕구의 강도(1~10) × 지각된 성공 확률 × 성공의 유인가(1-지각된 성공확률)

공부를 아주 잘하고 싶은 학생이 있다. 하지만 현실은 반에서 꼴등을 하는 실정이다. 이 학생이 목표 달성을 위해 노력하는 성취 행동은 개인의 성취 욕구와 지각된 성공 확률과 성공 시에 제공되는 보상 유인가 의 곱으로 나타난다.

경우①	경우②
꼴찌 학생에게 다음 시험에서 반에서 상위 10% 안에 드는 목표 설정 성취행동 = 10×0.1×0.9 = 0.90 – 매우 낮은 성취행동	꼴찌 학생에게 다음 시험에서 하위 10% 상승된 목표 설정 성취행동 = 10×0.5×0.5 = 2.50 – 비교적 높은 성취행동

여기에서 알 수 있는 것은 성취하고자 하는 욕구보다 성취할 수 있다는 지각된 가능성이 더 중요하다는 것이다. 물론 지각된 가능성이 높다는 것은 그만큼 쉽다는 것이고 성공에 대한 보상도 낮다는 것을 의미한다. 그래서 어느 정도 가능한 수위에서의 어려운 도전이 성취 행동의 중요한 동기가 된다는 것이다.

네 번째, 목표를 설정할 때 개인의 참여 관여 여부를 고려하여야 한다. 이는 목표가 타인에 의해 설정되어 개인에게 적용될 때 중요한 요인으로 작용한다.

예를 들어 선생님이나 부모님에 의해 강요된 목표일 경우에는 반에서 1등 개인의 내재적 동기를 자극하기가 어렵다. 즉, 자신이 원해서 결정한 것이 아니라 강요에 의해 이루어진 것이므로 커다란 보상 용돈 인상, 선물 등 따위의 외재적 유인물이 없이는 노력이나 *끈기*를 유발하기 힘들다는 것이다.

만약 목표를 설정하는 단계에서 수행자에게 참여를 유도하여 자발적으로 목표를 수용하게 된다면 결과는 어떨까? 자신이 수용한 인정한 목표에 있어서는 개인적인 책임을 다하기 위해 노력과 끈기를 발휘할 것이다.

기업에서도 조직원의 적극적 참여가 이루어진 사안에서 조직원들의 몰입이 더욱 높아짐을 보고하고 있다. 예를 들어 기업의 가치관을 정립하는 데 있어서 조직 개개인의 생각을 조합하여 큰 방향성을 잡고 그것을 구체화하여 미션과 비전을 설정했을 때 조직원들의 적극적 몰입을 유도한다는 결과들이 보고되고 있다.

마지막으로 목표 설정에 도움을 주는 환경적 요인을 분석해 볼 필요가 있다. 첫째는 목표 설정에 멘토 역할을 하는 사람에 대한 신뢰가 중요하다. 개인이 존경하고 신뢰하는 사람이 자신의 목표 설정에 도움을 주었다면 실망시키지 않으려는 욕구와 인정받고 싶은 욕구가 합쳐져 큰 동기부여가 될 것이다. 둘째는 목표를 성취했을 때 주어지는 보상이 개인에게 매력적이어야 한다. 동일한 보상에도 개인차가 존재한다. 금전적 가치보다는 정신적 가치 칭찬, 인정 등를 더 중요시하는 사람, 물질보다는 사회적 기회 승진, 취업 등를 더 중요시하는 사람, 성과보다는 경험에 더 큰 가치를 두는 사람 등 외재적 보상이 개인에게 어떤 가치로 다가오느냐에 따라 목표를 이루기 위한 과정에서의 노력과 끈기가 달라진다. 마지막으로 목표를 설정할 때 효과적으로 만드는 방법은 피드백이다.[14]

14 Erez, M. (1977). Feedback: A necessary condition for the goal setting performance relationship. Journal of applied psychology, 62, 624-627.

적재적소에서 피드백이 행해진다면 목표 수행의 질은 높아질 것이다. 일주일 전의 몸무게와 지금의 몸무게를 비교할 수 있는 저울, 향상된 영어 능력을 테스트할 수 있는 정기적 시험 등과 같이 정확한 피드백 장치가 마련되어 있어야 더 나은 수행을 돕는다. 피드백을 통해 느껴지는 현재 모습과 이상적 모습 간의 일치와 불일치 사이의 갭은 동기를 유발하기에 충분하며 그로 인해 노력과 끈기를 발휘한다.

목표를 설정한다는 것은 내가 움직이는 방향을 구체화시키는 과정으로 동기를 자극하는 요인으로 매우 중요하다. 목표는 성취를 목적으로 한다. 개인이 간절히 바라는 이상적인 자아와의 일치는 곧 성취인 것이다. 따라서 성취하고자 하는 대상이 목표이다. 그렇다면 성취는 어디까지 이루는 것을 의미하는가? 공부를 하는 목표가 시험을 잘 치기 위해서인가? 아니면 궁금증을 해소하기 위해서인가? 성취 목표에는 숙달목표와 수행목표란 두 가지 유형이 존재한다.[15]

---

15 Dweck, C. S. (1986). Motivational processes affecting learning. American psychologist, 41, 1040-1048.

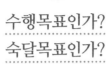

수행목표인가?
숙달목표인가?

목표는 현재의 모습과 이상적 모습의 불일치를 줄이기 위해 계획하고 실행하고 피드백을 거쳐 불일치가 제거되었을 때 성취로 이어진다. 그렇다면 계획하고 실행하고 조절하는 최종의 목적지는 어디일까? 다시 말해 성취 또는 성공의 목적지를 개인은 어떻게 규정하는가?

영어를 잘하고 싶은 사람이 있다. 그는 시험을 잘 치기 위해서, 높은 스펙을 유지하기 위해서, 원하는 곳에 취직하기 위해서 열심히 영어 공부를 하고 있다. 그는 'TOEIC 900점 이상'을 목표로 잡고 있다. 이 정도 공인된 실력이면 시험을 잘 칠 수 있고 우수한 외국어 스펙을 가질 수 있고 원하는 곳에 취직할 확률이 높아질 것이다. 그래서 그는 지금도 열심히 영어 공부를 한다.

또 다른 영어를 잘하고 싶은 사람이 있다. 배낭여행에서 만난 외국 친구들과 자유로운 의사소통을 통해 그들과 진정으로 친해지고 싶어 영어의 재미에 푹 빠져 있다. 팝송을 들을 때나 헐리웃 영화를 볼 때나 미디어를 통해 영어를 접할 때마다 소통한다는 느낌으로 이해하려고 노력한다. 잘 모르는 단어나 이해가 안 되는 문장이 있으면 당장 해결하려고 노력한다. 영어 스터디를 만들어 이론과 실습을 병행해 가며 의사소통의 질을 높이기 위해 노력한다. 영문 번역가나 통역에도 관심을 가져 관련된 일에는 봉사활동도 하고 아르바이트도 한다. 열심히 한 덕분인지 통역의 기회도 주어지고 가끔 번역도 하게 되었다. 점차 영어로 소통하는 것이 불편하지 않게 되었지만, 간혹 이해되지 않는 문장이나 단어를 접하게 되면 빠르게 습득하기 위해 노력하는 자신을 발견한다. 자연스러운 영어 구사력 덕분에 TOEIC 점수도 우수하고, 통역과 번역에 대한 경력 덕분에 자신이 원하는 일도 하게 되었다. 요즘은 중국어와 스페인어에 관심을 가지게 되었고 열심히 해 볼 생각이다.

위의 사례에 등장한 두 사람 모두 원하는 목표를 달성한 것으로 보인다. 시험으로 증명된 우수성, 관련된 스펙, 원하는 직장에 취업 등 결론적으로 비슷한 형상으로 발전되고 있음을 알 수 있다. 두 사람 모두 영어를 잘하겠다는 뚜렷한 목표를 가지고 열심히 노력한 결과 목표치에 근접한 것으로 보인다. 하지만 이 둘 사이에는 동기적 관점에서 큰 차이를 보인다.

미리 말하자면 첫 번째 사례자의 영어를 잘하고자 하는 성취목표는 수행 performance 목표이고, 두 번째 사례자의 성취목표는 숙달 master 목표라는 차이점을 보인다. 그렇다면 수행목표와 숙달목표의 차이점은 무엇일까? 사전적 의미로 보면 수행이란 '계획하거나 목표한 대로 일을 해내는 것'을 의미하고 숙달이란 '익숙하게 통달하여 능란한 것'이란 의미를 가진다.

따라서 수행목표란 '계획한 것을 잘 마무리하는 것을 목표로 두는 것'이고 숙련목표는 '원하는 것을 능수능란하게 해내는 것을 목표로 두는 것'이다. 수행목표는 자신이 유능함을 입증하는 것이라면 숙달목표는 개인의 유능함을 지속적으로 발전시킨다. 따라서 수행목표를 가진 자는 경쟁자보다 더 나은 능력을 가진 자신을 보여주기 위해 기량을 높이는 것이고 숙달목표를 가진 자는 자신을 능력을 높이기 위해 지속적으로 진보하는 것에 의미를 둔다고 할 수 있다. 많은 연구에서 수행목표 보다는 숙달목표의 설정이 긍정적 결과를 제시함을 보고한다.[16]

숙달목표를 채택하는 사람들은 세 가지 측면에서 긍정적인 결과를 보인다. 첫째는 몰입을 통한 자발적 노력이 이루어진다는 것이다. 이상적인 자신의 모습을 꿈꾸며 자발적으로 설정한 목표이기에 내재적 동기가 자극되었고 이는 노력이란 행동으로 나타나는 것이다. 둘째는 목표달성에 걸리는 기간의 장/단에 상관없이 긴 지속성을 보인다. 목표가 '이루는 것'이 아니라 '더 잘 이루어 나가는 것'이기에 더 긴 지속성을 보일 수 있는 것이다. 셋째는 과정 중에 직면하는 방해물이나 어려움을 극복하고 더

16 Nolen, S. B. (1988). Reasons for studying: Motivational orientations and study strategies. Cognition and instruction. 5, 269-287.

나은 결과를 도출한다는 것이다. 이렇듯 목표설정을 통한 동기의 자극은 수행목표보다는 숙련목표에 초점을 두어야 더 강한 영향력을 발휘할 수가 있다.[17]

임시 수학점수를 잘 받기 위해 문제와 답을 외우는 수행목표에 집중한 행동보다는 비록 한 가지에 몰입한 탓에 시간을 많이 소비해가면서도 이해가 될 때까지 끈질기게 문제를 푸는 숙련목표에 집중한 행동을 보이는 학생이 결국엔 더 나은 수학 능력을 가지게 될 것이다.

17 Elliot, A. J. & Dweck, C. (1988). Goals: An approach to motivation and achievement. Journal of personality and social psychology, 54, 5-24.

Insight

비슷한 능력을 가진 사람들 사이에서 목표가 있는 사람이 없는 사람보다 더 나은 행동 결과를 만들어 낸다. 일반적으로 말해서 한 개인도 목표가 없을 때보다 목표가 있을 때 더 나은 행동 결과를 보여준다. 또한, 목표를 설정하는 방법에 따라 다양한 행동 결과의 차이를 보이기도 한다. 올바른 목표설정 방법은 가능한 범위에서 정확한 기한을 정해서 통합적이며 구체적으로 설정되어야 한다. 시급한 사안에 초점을 맞추지 말고 중요성에 초점을 두어 장기적 관점에서의 목표설정이 필요하다. 목표 성취에 따른 난이도 조절도 중요한데 난이도가 높으면 높을수록 더 많은 노력을 발휘하게 되므로 포기하지 않는 수준에서 높은 난이도의 목표설정이 필요하다. 더불어 목표설정을 스스로하면 제일 좋겠지만 신뢰하는 멘토 선생, 코치, 부모 의 도움을 받는 것도 좋은 방법이다. 타인에 의해 목표가 설정될 때는 반드시 참여하여 자신의 의사를 반영하는 것이 좋다. 그래야 더욱 책임감을 가지고 몰입하게 된다. 마지막으로 더 큰 노력과, 더 긴 지속성과, 더 나은 결과창출을 위해 수행보다는 숙달을 목표로 전진하는 것이 바람직하다.

목표설정에 대한 좋지 않은 시각도 일부 존재한다. 목표설정과 관련된 학문적 분야는 심리학보다는 경영학에서 더욱 발전적으로 나타났다. 이는 기업 경영에 있어 조직원들을 동기부여 시키기 위한 차원에서의 접근 방법을 채택하였기 때문에 인간 본연의 발달보다는 기업 입장에서의 생산성 향상에 치우친 편협한 전략이라는 비판이다. 그런 일부 시각에도 불구하고 목표설정은 비교적 재미없고 지루하며 긴 시간을 요구하는 과정에서 신기한 동기적인 효력을 발생시킨다.

한편, 본질적으로 재미있고 창의성을 발휘하는 일은 목표설정의 유무와는 상관없이 지속적인 노력과 열정을 보인다. 새로운 디자인을 창조하는 것이나 어려운 고지를 탐험하는 것, 새로운 학설을 증명하기 위해 많은 도전을 하는 등의 본질적으로 재미있고 흥미로우며 창의적 사고를 요구하는 과제에서는 목표를 설정한다는 것이 큰 의미가 없을 수도 있다. 이는 목표라는 기준점을 정하지 않아도 무의식적으로 더 큰 목표를 달성하기 위해 노력하기 때문이다. 좋아서 하거나 심지어 미쳐서 하는 일은 몰입도와 지속도가 높을 수밖에 없다.

심지어 반사회적인 행동에서도 비슷한 결과가 나타난다. 예를 들어 게임에 빠져있는 청소년들이나 도박 중독자들은 얼마의 시간을 언제까지 어느 정도의 결과 도출을 목적으로 목표를 세우지 않는다. 왜냐면 즐기는 자는 목표라는 동기의 유무와 상관없이 집중을 발휘하기 때문이다. 수행이 아닌 숙달이 즐거움이기에 행동을 시작하고 지속하는 것이다. 이들에게 있어서 목표는 설정하지 않아도 무의식에 자리 잡혀 끊임없이 자신을 독려하는 것이다. 그래서 이런 말이 있는 것일까? 열심히 하는 놈은 즐기는 놈을 이기지 못한다고. 결국은 자신이 진정 좋아하는 것을 찾아 장기적 숙달목표를 세우는 것이 나를 이끄는 에너지가 되는 것이다.

Part 3
내면에서 솟구치는
강렬한 에너지

인간을 움직이게 하고 그것을 유지 또는 멈추게 하는 힘은 어디에서 오는 것일까?

우리는 Part 1을 통해 행동에 원천이 되는 에너지가 외부에서 제공되는 외재적 동기에

대해 살펴보았고, Part 2를 통해 동기가 지향하는 경향성에 대해 살펴보았다.

앞으로 펼쳐질 Part 3에서는 행동에너지의 원천이 자신의 내부에서 스스로 창출하는

내면에서 솟구치는 강렬한 에너지인 내재적 동기에 대해 살펴볼 것이다.

본서에서는 내재적 동기를 디씨와 라이언(Deci& Ryan)에 의해 주장된 자기결정성 이론

에 근거를 두었다.[18]

자기결정성 이론에 따르면 인간의 기본적인 심리적 욕구를 세 가지로 구분하였다.

A-R-C 욕구로 첫째, 자율성(Autonomy) 욕구. 둘째, 관계성(Relatedness) 욕구. 셋째

유능성(Competence) 욕구가 그것이다. Part 3에서는 A-R-C적 동기요인을 요즘 시대

적으로 강조하고 있는 창의와 융합이란 관점에서 재해석하여 전개하고자 한다.

---

18 Deci, E. L. & Ryan, R. M. (1985b). Intrinsic motivation and self-
   determination in human behavior. New york: Plenum Press.

MOTIVATION 10.0

M money
O object
T temptation
I incentive
V values
A approach & avoidance
T target
I image ————————————————————————————————
O origin
N nature

Chapter 08

내가 보는 나와
남이 보는 나
Image

흔히 인간을 사회적 동물이라 한다. 인간은 사회라는 테두리 안에서 관계를 통해 살아가기 때문이다. 우리는 서로 간의 관계 속에서 다양한 영향을 주고받으며 성장하고 성숙하고 진화해 나간다. 이러한 사회적 상호작용 안에서 인간이 가지는 공통된 욕구가 있다. 이것은 주변 사람들과 좋은 관계, 즉 따뜻하고 친밀하며 우호적인 관계를 형성하고 유지하고자 하는 욕구이다.[19]

대부분의 사람들은 주변 사람들이 자신을 이해해주고 수용해주고 존중해주길 바란다. 또한, 주변 사람들을 이해하고 수용하고 존중하기 위해 노력한다. 더불어 자신과 생각이 같은 사람들을 알게 되면 그 만남을 지속하고 싶어 하고 더욱 친밀한 관계로 발전되길 희망한다. 뿐만 아니라 상대도 나와 같은 생각으로 서로 친밀한 관계를 원하길 바란다. 더 나아가 사람들과의 관계는 조직이나 집단과 같이 공동체로 확장된다. 확장된 공동체 안에서도 사람들은 친밀한 결속을 형성하고 유지하길 희망한다. 다시 말해 인간은 근본적으로 서로 상호작용을 하면서 친밀한 정서와 관심과 애정을 형성하고자 하는 관계성 욕구를 가지고 있는 것이다. 이러한 관계성 욕구는 관심과 친밀함을 표현하는 다양한 행동으로 나타난다. 즉, 관계성 욕구는 인간의 행동을 일으키는 중요한 심리적 동기요인인 것이다.

---

19 Fromm, E. (1956). The art of loving. New York: harper & Brothers.

쉬운 예로 상대와 좋은 관계를 시작하기 위해 미소를 짓고, 경쾌한 목소리로 인사하고, 예의를 갖춰 명함을 교환하고, 힘 있게 악수를 하며, 성심껏 자기소개에 임하는 것이다. 더 나아가 상대와 좋은 관계를 유지하고 발전하기 위해 주기적으로 연락을 하고, 만남도 가지고, 함께 여행도 가고, 경조사도 챙기면서 진정으로 마음을 나누는 것이다. 사람들과의 좋은 관계를 형성하고 유지 및 발전시키기 위해서는 서로 간의 지속적 노력이 전제되어야 한다. 이 노력이란 것은 진정성에 뿌리를 내린 진심이 느껴지는 행동을 말한다. 그렇기에 관계성 욕구는 양적인 것보다 진정성이 바탕이 된 질적인 것이 더 중요하다.[20]

질적으로 우수한 관계를 가지기 위해서는 어떻게 해야 할까? 다시 말해 사람들과 친밀한 정서적 결속과 감정적 애착을 형성하기 위해 내가 노력해야 할 것들은 무엇일까? 여기에서 관계성 욕구를 충족시킬 수 있는 방법에 대한 제시가 필요하다.

상대방과 질적으로 우수한 관계를 유지하기 위해서 전제되어야 할 것은 상대방의 관점에 대한 이해이다. 이 말은 상대방 생각의 틀에 대한 깊이 있는 통찰이 필요함을 의미한다. 진화론적 관점에서 인간의 가장 주된 관심사는 생존이다. 생존이 무엇보다 중요하였기에 모든 것이 자기중심적으로 진화해 왔다. 그러다 보니 자기중심적으로 생각하게 되고 자기와 다

---

20 Deci, E. L. & Ryan, R. M. (1985a). The general causality orientations scale: Self-determination in personality. Journal of research in personality, 19, 109-134.

른 생각은 틀리거나 잘못된 것으로 배척하는 경향이 강했다. 하지만 인류가 진화하고 생존의 위협 상황을 벗어나면서 생활이 상생을 패러다임으로 발전하게 된다. 즉, 나 중심에서 우리 중심으로 생각의 기준이 바뀐 것이다. 그러한 결과는 내가 생각하는 것이 틀릴 수도 있고, 나와 생각 차이가 있는 상황을 '잘못되었다'고 판단하기보다는 '다르다'는 상황으로 이해의 폭을 넓게 되었다. 그러면서 상대방과 나와의 생각의 차이를 좁히는 노력을 하게 된다. 이러한 노력은 상대의 머릿속에 주관적으로 인식하고 있는 절대적으로 객관적이지 않은 대상 사람 또는 사물, 상황 따위 에 대한 느낌을 이해하는 방향으로 나아간다. 상대방의 머릿속에 형성된 대상에 대한 주관적 느낌을 우리는 '이미지'라 부른다.

질적 관계를 형성하기 위해서는 상대가 주관적으로 생각하는 나에 대한 느낌, 즉 나의 이미지를 잘 관리하여야 한다. 적어도 상대가 나를 어떻게 느끼는지를 알고 행동하면 현재보다 관계가 더 나빠지긴 어렵기 때문이다.

내 속의 '나'란 것들

내 속엔 내가 너무도 많아 당신의 쉴 곳 없네
내 속엔 내가 이길 수 없는 슬픔 무성한 가시나무 숲 같네
— 시인과 촌장의 가시나무

내 안에 존재하는 나를 숫자로 헤아려 본 적이 있는가? 아마도 손가락을 꼽아 헤아려 보진 않았어도 무수히 존재한다는 것에는 공감하리라 본다. 내 안에는 내가 인지를 하든 못하든 다양한 모습의 내가 존재한다. 부모로서의 나, 자식으로서의 나, 배우자로서의 나, 친구로서의 나, 고객으로서의 나, 종업원으로서의 나 등과 같이 사회 속에서 자신의 위치와 관련된 나란 존재가 있다. 더 나아가 운동을 할 때의 나, 취미 생활을 할 때의 나, 운전을 할 때의 나, 음식을 먹을 때의 나, 예쁜 멋진 이성 앞에서의 나, 권력이 높은 사람 앞에서의 나, 나약한 사람 앞에서의 나 등 상황에 따른 다양한 모습의 내가 존재한다.

무엇이 나의 실제 모습인지, 무엇이 나의 진실 된 모습인지, 무엇이 나다운 모습인지, 나조차도 헷갈리는 경우가 종종 있다. 누구나가 분명 싫고 좋음이 분명한 시절이 있었다. 싫을 때는 울고 보채고 떼쓰면서 싫음을 강력하게 어필했었고 좋을 때는 감출 수 없는 미소와 환호로 상대에게 화답했던 적이 있었던 것 같다. 그런데 언제부터인가? 싫어도 싫지 않은 척, 좋아도 좋지 않은 척, 아니 이보다 더한 것은 싫은데도 좋은 척, 좋은데도 싫은 척하는 자신을 종종 발견하게 된다. 좋고 싫음이 분명한 자신에서 그 경계가 애매함을 넘어 반전되는 상황을 겪게 되는 것은 무엇 때문일까? 분명 나는 나인데 점점 나다움이 뭔지 헷갈리게 하는 것은 무엇 때문일까?

다른 각도에서 '나'에 대해 생각해 보자. '나다움'이란 것이 반드시 필요한 것인가? 그것을 지키고 고수하는 것이 좋은 것인가? 감정에 솔직하지 않은 것이 나쁜 것인가? 우리는 도덕이나 윤리의 차원에서 정의로운 나를 찾아 삶을 살기보다는 사회라는 큰 무대에서 자신의 배역에 충실한 배우의 삶을 살고 있는 것은 아닌가?

좋지 않음에도 불구하고 좋은 듯 행동하게 만드는 동기는 무엇일까? 좋음에도 불구하고 싫은 듯 연기하게 만드는 동기는 무엇일까?

물론 아닌 경우도 포함하자. 좋은 것을 좋다고 하는 것과, 싫은 것을 싫다고 하는 것도 포함하자는 것이다. 즉 좋고 싫음에 있어 왜 우리는 표현하는 방식에 일관성이 없는 것일까? 이것은 동기와 무슨 관련이 있는 것일까?

Part 3 내면에서 솟구치는 강렬한 에너지

내 안의 네 가지 얼굴

'나'란 자기 자신을 표현하는 말로 자아라고 혼용되어 쓰인다. 자아 self 는 스스로 생각하는 자신의 모습을 일컫는다. 내 속에 존재하는 자아에 대해 다차원적으로 구분해 본 학자가 있다. 미 버지니아테크 주립대 조셉 서지 교수[21]는 자아를 네 가지 유형으로 구분하였다. 현실적 자아, 이상적 자아, 사회적 자아, 이상적 사회적 자아가 그것인데 좀 더 구체적으로 살펴볼 필요가 있다.

첫째, 현실적 자아 Actual self 이다. 이는 현재 자신이 생각하는 주관적 자신의 모습을 의미한다. 학생으로서의 나, 취업 준비생으로서의 나, 직장인으로서의 나, 가족의 일원으로서의 나 등 현재 자신의 모습을 있는 그대로 반영한 나의 모습을 말한다.

둘째, 이상적 자아 Ideal self 이다. 이는 앞으로 자신이 희망하는 이상적인 자신의 모습을 의미한다. 성공한 나, 존경받는 나, 원하는 직장에서 인정받는 나, 인기가 많은 나, 매력적인 나, 돈이 많은 나 등 미래에 내가 간절히 원하는 자신의 모습을 말한다.

셋째, 사회적 자아 Social self 이다. 이는 현재 남들이 생각하는 관계적인 자신의 모습을 의미한다. 배려심이 많은 나, 인간성이 좋은 나, 성실

---

21 Sirgy, M. J. (1982). Self-concept in consumer behavior: A critical review. Journal of Consumer Research, 9, 287-300.

한 나 또는 그저 그런 나 등과 같이 주변 사람들이 생각하는 나의 모습을 말한다.

마지막은 이상적 사회적 자아 Ideal social self 이다. 이는 앞으로 남들이 생각하기를 희망하는 이상적인 자신의 모습을 의미한다. 성공할 가능성이 높은 나, 친해지고 싶은 나, 능력이 탁월한 나, 소개해 주고 싶은 나, 함께 일하고 싶은 나 등과 같이 주변 사람들에게 비춰지길 희망하는 나의 모습을 말한다.

정리해보면 현실적 자아와 이상적 자아는 자신이 생각하는 자신의 현재 모습과 희망하는 미래 모습을 의미하고, 사회적 자아와 이상적 사회적 자아는 타인이 생각하는 나의 현재 모습과 희망하는 미래 모습을 의미한다. 여기에서 사회적 자아는 관점이 내가 아니라 타인인 것이다. 남의 눈에 내가 어떻게 비치는지에 대한 나의 생각인 것이다.

인간은 이와 같이 네 가지 유형의 자아를 가지고 있다.

현실적 자아와 이상적 자아 사이에는 괴리가 존재한다. 앞서 설명하였듯이 이러한 괴리를 최소화하기 위한 인간의 욕구는 커다란 동기가 되어 행동으로 나타난다. 또한, 현실적 자아와 사회적 자아 사이에도 괴리가 존재한다. 이러한 괴리가 존재하는 이유는 내가 생각하는 나와 남들이 생각하는 내가 다르기에 서로 다른 생각의 관점 때문에 나타나는 것이다. 어떤 대상 사람 또는 사물 에 대해 개인의 관점으로 보는 주관적인 느낌을 이미지라 한다.

즉 이미지란 인간의 의식 중에 만들어지는 심상으로 지극히 주관적인 가치체계여서 개인에 따라 기대하지 않는 방향으로도 왜곡될 수 있다. 우리는 같은 대상에 따른 서로 다른 평가를 심심치 않게 경험한다. 예를 들어 한 여성에 대한 평가로 컴퓨터 미인이라 현대적이고 세련되었다는 평가와 컴퓨터 미인이라 인위적이고 차갑게 느껴진다는 평가는 공존할 수 있다. 어떤 이에게는 이래서 좋은 이유가 다른 이에게는 이래서 싫은 이유가 되기도 한다. 이렇기 때문에 사회적 자아 즉 이미지에 대한 평가는 지극히 주관적 자기견해인 것이다.

사회적 자아는 타인에 의해 이미지란 존재로 각인되기 때문에 사람에 따라 다양하게 왜곡될 수 있다. 그래서 사람들마다 평가도 다르게 나타나는 것이다. 따라서 나의 본 모습과 남들이 보는 모습 사이에 원하든 원치 않듯 이미지의 괴리가 존재한다는 것이다. 원하는 이미지의 형태는 실제의 나보다 더 좋게 나를 봐 주는 것이고, 원하지 않는 이미지는 진실과는 무관하게 나를 오해하고 왜곡시켜 생각하고 있다는 것이다. 우리는 이러한 불편한 상황을 종종 접하게 된다.

인간은 사람들 간에 좋은 관계를 유지하고자 하는 욕구를 가지고 있다. 이는 중요한 사회성의 문제로 사회적 자아, 즉 이미지를 좋게 만들기 위한 지속적 노력이 중요한 동기가 되는 것이다. 타인과 좋은 관계를 유지하고 싶은 욕구는 타인에게 비춰지는 나의 이미지를 좋게 관리하고자 하는 행동으로 나타난다.

이미지는 한 개인에게 중요한 동기부여 기능이 있다.
― 로버트 몰간, 경영학자

가면(假面) 또는 가면(加面)

　여기 추하게 생긴 한 사내가 있다. 그 사내는 우연히 너무도 아름다운 여인을 만나게 된다. 첫눈에 사랑에 빠진 사내는 그 여인과 결혼하고 싶었으나 거절당할 것이 뻔할 거란 생각에 고민에 빠졌다. 고심 끝에 그 사내는 매력적이게 생긴 가면을 쓰고 사랑하는 여인에게 다가가 프러포즈를 하였다. 가면 쓴 사내의 매력에 빠진 아름다운 여인은 사내의 프러포즈를 수락하였다. 둘은 결혼을 했고 사내는 가면 쓴 생활을 시작하였다. 분명 자신의 추한 모습을 보면 여인이 놀라서 달아날 것이란 생각에 가면을 벗지도 못하고 생활한 것이다. 몇 년이 지나는 동안 사내는 양심의 가책을 느끼기 시작했고, 결국 사랑하는 아내에게 자신의 본 모습을 보여주며 용서를 구하기로 맘먹었다. 조용히 아내를 불러 놓고 사내는 천천히 가면을 벗었다. 그리고 긴장된 눈으로 아내를 응시하였다. 그런데 아내는 아무 일도 없다는 표정으로 사내를 쳐다보다가는 곧 자기 하던 일을 계속하는 것이었다. 의아해진 사내는 잠시 망설이다가 벽에 걸린 거울로 다가가 자신을 바라보았다. 거기에는 가면과 똑같이 생긴 자신이 자기를 쳐다보고 있었다.

위의 내용은 가면과 관련되어 서양에서 전해 내려오는 이야기이다. 예상 못 한 반전이 숨어 있는 이야기지만 시사하는 바는 크다. 이 이야기는 스스로 자신감을 가지고 믿고 행동하면 자연스럽게 그렇게 변화할 수 있다는 긍정적 가능성을 제안한다.

멋진 가면을 쓴 사내는 자신이 멋지다고 믿고 행동한 것이다. 이런 행동이 시간이 지나면서 습관으로 정착이 되고 이런 습관은 일상이 되어 추한 얼굴도 매력적이게 바꾸는 마법을 보여준 것이다. '가면을 쓴다'는 것은 주로 마음을 숨기거나 거짓된 행동을 할 때 본심이 들통 나지 않으려고 쓰는 술책 같은 것이다. 언뜻 보면 가면을 쓴다는 것은 나쁜 의미로 비춰지지만 꼭 그런 것만은 아니다. 다수의 사람들이 본심을 감추고 상황에 맞는 표정을 연출하려 애쓴다. 그것은 다른 말로 표현하면 배려이고 사랑으로 순화된다. 마치 어머니는 짜장면이 싫다고 말씀하신 것처럼.

핸드폰 수리를 위해 AS센터에 방문했다고 가정해보자.

문을 열고 들어서는 순간 AS센터 여직원의 친절한 목소리를 듣게 될 것이다.
직원: "어서 오십시오. 무엇을 도와드릴까요?" 라며 부드러운 미소의 여직원과 마주한다.
고객: 심드렁하게 "핸드폰이 고장 났어요"
직원: "아~ 많이 불편 하셨겠네요"라며 여직원은 안타까운 표정을 짓는다.
고객: 짜증부리며 "어제 하루 종일 폰이 되지가 않아 일하기가 너무 불편했어요. 저번에도 그랬는데."

직원: "정말 죄송합니다. 핸드폰이 안 되서 일에 큰 불편이 있으셨군요."라
며 여직원은 미안한 듯 안타까운 표정을 지으며 상대의 불편함을 위
로한다.

수리가 완성되어 핸드폰을 건네는 여직원은 핸드폰이 정상적으로 작동되
는지 확인시킨다.

고객: "잘 작동되네요."

직원: "네~ 잘 작동되니 정말 다행입니다. 불편을 끼쳐드려 죄송했습니다.
즐거운 하루 되세요." 라며 경쾌한 목소리로 인사하며 여직원은 환
하게 미소 짓는다.

여기에서 우리는 다양한 표정의 여직원 부드러운 미소 짓는 표정, 안타까운 표정,
미안한 표정, 환하게 웃는 표정 과 만나게 된다. 이렇게 배우와 같이 변화무쌍한
여직원의 얼굴을 대하면 어떤 기분이 들까? 대다수의 사람들이 화가 난
마음이 수그러들며 곧 평정심을 찾게 될 것이다. 그러면서 볼일을 마치고
문을 나서면서는 기분이 한결 좋아질 것이다. 그 여직원의 친절한 태도에
조금은 위로가 된 것이다.

그렇다면 AS센터 여직원의 입장에서는 어떨까? 늘 신경질적으로 대하
는 고객들에게 지쳐있는 상태이다. 또한, 친절서비스 평가 앞에서 늘 긴장
하고 있으며, 고객 불만을 최소화해야 한다는 회사의 압박에 시달리고 있
다. 이런 심리상태에서 맘으로부터 우러나오는 기분 좋은 미소를 짓기는
여간 어려운 일이 아니다. 그렇기에 마음은 접어두고 표정으로만 의미를
전달하는 가면을 쓰게 되는 것이다.

친절의 가면, 위로의 가면, 감사의 가면 등 상대의 상황에 가장 잘 적용될 수 있는 가면을 본능적으로 찾아 무의식중에 장착하는 것이다. 물론 자연스러운 가면을 장착하기 위해서는 많은 교육과 훈련 및 경험이 축적되어야 가능하다. 우린 이것을 예의범절이나 매너 또는 에티켓 이란 이름으로 표현하기도 한다. 더불어 높은 사회성과 프로정신으로 대변되어 설명하기도 한다. 진정한 마음이 담긴 불편한 감정보다는 진정성은 다소 결여되어 있어도 기분이 좋아지는 가면을 사회에서는 더욱 선호하기에 이런 현상이 나타나는 것이다.

사회라는 큰 테두리는 서로의 관계에 의해 형성된다. 인간은 서로 좋은 관계를 형성하고 유지하고자 하는 욕구를 가지고 태어난다. 이러한 욕구는 내 마음을 내 편한 데로 표현해서는 안 된다고 가르치고 있다. 내가 불편해도 감수할 줄 알아야 하고, 내가 피곤해도 열정적으로 보여야 하고, 다소 손해가 보는 듯해도 기꺼이 즐겁게 응해야 한다고 가르치고 있다. 그래야만 매너 좋은 사람이고 사려 깊은 사람으로 주변 평판이 좋아져서 관계 또한 좋아질 것이라 가르치고 있다. 우리는 가면이 가진 거짓된 얼굴이란 편견을 벗고, 가면 더할 가. 얼굴 면 이 가진 다채로움에 무게를 더 두어야 할 필요가 있다. 왜냐면 가면은 배려를 위한 숙련된 행동이라고도 할 수 있기 때문이다.

호감 가는 이미지란?

더할 가加의 의미에서 가면 다양한 얼굴들은 다양한 이미지를 가진다는 의미와 상통한다. 내 안의 다양한 나의 존재는 상황에 따라 다양한 이미지 변신이 가능하다는 것을 의미한다. 다양한 이미지를 가진다는 것은 요즘 시대가 요구하는 전략형 인간을 의미하기도 한다. 사회적 관계 속에서 좋은 이미지의 가면이 다양하게 존재한다는 것은 분명 전략적으로 경쟁 우위의 절대적 가치를 가진다. 좋은 대인관계를 가지고자 하는 인간의 욕구는 좋은 이미지를 만들고 유지하고 발전하고자 하는 욕구로 거듭나서 인간의 관계성 동기를 끊임없이 자극한다.[22]

---

22 Ryan, R. M. & Powelson, C. L. (1991). Autonomy and relatedness as fundamental to motivation and education. Journal of experimental education, 60, 49-66.

그렇다면 좋은 느낌, 즉 호감가는 이미지를 가지기 위해서는 어떤 노력을 해야 할까?

앞서 언급하였듯이 이미지란 주관적인 자기견해이기 때문에 어떤 이미지가 좋다는 정답을 제시하긴 힘들다. 하지만 보편적인 관점에서 좋은 평판을 만들 수 있는 제안이란 차원에서 접근해 보고자 한다.

본서에서는 상대방에게 좋은 느낌 good feeling, 즉 호감 가는 이미지를 만드는 방법에 대해 네 가지의 A로 시작된 키워드로 정리한다. 이른바 A4이다.

호감 가는 이미지를 만들기 위한 4가지 차원의 A4

Authenticity 진정성 호감의 뿌리

Altruism 이타심 호감의 줄기

Attraction 매력성 호감의 잎

Advancement 진보성 호감의 열매

호감 가는 이미지를 만들기 위한 첫 번째 A

진정성 – Authenticity

모든 일에 진정을 다한다는 의미는 매사에 거짓이 없고 참된 마음으로 임
한다는 의미이다. 그렇다면 진정성이란 과정도 결과도 아닌 시작하기 전
에 마음에 품는 본뜻, 즉 의도라고 할 수 있다. 따라서 처음에 품은 의도
가 거짓이 없고 참된 마음을 가지는 것이 진정성의 핵심이라 할 수 있다.

1994년 미국에서 노르웨이 릴레함메르 동계올림픽을 앞두고 서로 경쟁
하며 우위를 다투는 두 명의 피겨 선수가 있었다. 그들은 먼저 두각을 드
러낸 토냐 하딩과 무섭게 치고 올라오는 유망주인 낸시 캐리건이다. 이들
은 올림픽 출전권을 따기 위해 치열히 경쟁하는 사이였다. 그 당시 연습
을 마치고 대기실로 돌아가는 캐리건에게 한 괴한이 나타나 몽둥이로 무
릎을 내리치는 사건이 있었고 캐리건이 쓰러지며 울부짖는 모습은 일제히
방송을 탔다. 결국, 심한 부상을 당한 캐리건은 올림픽에 출전하지 못했
고 하딩만 출전하게 되었다. 하딩은 인터뷰에서 캐리건과 정정당당히 싸
워 출전권을 따지 못해 아쉽고 훗날 정당히 싸워 이기고 싶다는 메시지
를 남겨 전 국민의 관심과 사랑을 받게 되었다. 하지만 FBI 조사 결과 캐

리건을 피습한 범인이 하딩의 사주를 받은 전남편의 청부폭력이었던 것으로 드러났다. 하딩의 숨은 의도가 국민들을 경악게 했고, 하딩은 하루아침에 국민요정에서 국민악녀로 돌변하여 세간의 지탄을 받았다. 이후 부상에서 회복한 낸시 캐리건은 지속적으로 피겨 분야에서 활동하며 국민적 신뢰를 쌓고 있는 반면 하딩은 피겨 사상 최악의 폭력사건을 일으킨 장본인으로 국제스케이트연맹에서 영구 제명당하는 수모를 겪으며 나락으로 떨어졌다.

진정성을 바탕으로 한 선의의 경쟁은 자신을 이기는 약이 되지만, 진정성이 말살된 악의의 경쟁은 자신을 죽이는 독이 되는 것이다.

사람들 간의 관계를 형성하기 전에 맘에 품는 본뜻을 참되고 선하게 한다는 것은 좋은 관계를 만들기 위한 출발점에서 가장 중요한 선행요인이다. 예를 들어 건강식품을 판매하는 세일즈맨의 경우를 살펴보자. 고객과의 만남 전에 마음에 품은 의도가 '많이 팔아 높은 수익을 올리자' 라고 생각하는 세일즈맨과 '좋은 정보를 전달하여 고객이 건강한 삶을 살도록 도움을 드리자' 라고 생각하는 세일즈맨은 눈빛부터가 다를 것이다. 또한, 판매에 임하는 자세도 다르다. 전자는 제품을 판매할 수 있도록 다양한 설득으로 소비자를 유혹한다면, 후자는 진정 소비자의 건강 증진을 위한 다양한 솔루션을 제공하기 위해 노력할 것이다. 소비자의 입장에서는 후자의 경우가 높은 신뢰를 바탕으로 장기적인 관계를 지속하게 될 확률이 훨씬 높다는 것이다.

인간관계의 시작단계에서 진정성의 위력은 관계의 지속에도 중요한 영향요인이다. 사람들은 관계가 지속되는 가운데 상대방의 진정성이 느껴지지 않는다면 관계를 과감히 단절한다. 이는 분명 상대가 자신에게 해를 입힐 수 있다는 위기감에서 자연스럽게 나타나는 행동일 것이다. 진정성은 한 번 손상이 되면 회복하는데 몇 배의 시간과 노력이 필요하다. 극단적인 경우엔 영영 관계회복이 불가능한 경우도 빈번히 발생한다.

간혹 세상을 살다 보면 좋은 의도였음에도 불구하고 안 좋은 결과가 발생하는 경우가 종종 있다. 엄마를 도와주려고 설거지를 하다가 아끼는 그릇을 깨는 경우나, 동료의 작업을 도와주다가 데이터를 손상시키거나, 운동을 가르치다가 부상을 입히는 등의 사건들이 그러한 경우이다. 이러한 경우는 의도와는 정반대의 불편한 결과를 초래하지만, 관계의 회복은 금방 이루어진다. 즉 진정성이 바탕이 된 좋은 의도는 결과의 호불호와 상관없이 관계의 지속에는 긍정적 영향을 미친다는 것이다.

인간은 좋은 관계를 형성하고 유지하고 발전시키고자 하는 근본적인 심리적 욕구가 존재한다. 이러한 욕구는 인간을 동기부여 하여 다양한 노력을 하도록 한다. 이러한 가운데 호감 가는 이미지를 가진다는 것은 좋은 관계유지에 핵심적인 요인이다. 여기에서 호감 가는 이미지를 만들기 위한 가장 중요한 선행요인은 마음의 본뜻을 참되고 선하게 가지는 진정성의 장착이다. 이는 나무의 뿌리와 같이 본체를 지탱해 주며 양분을 공급하여 성장하게 만들어 준다.

이타심 - Altruism

한 장님이 등불을 들고 밤길을 걷고 있었다.
이를 본 지나는 사람들이 그를 조롱하자 장님은 웃으면서
"이 등불은 나를 위해 켠 것이 아니라
나와 부딪칠 수 있는 당신들을 위해 밝힌 것이오."

— 바바 하리다스, 『배려』 中

앞서 언급하였듯이 진화심리학적 관점에서 인간에게 가장 중요한 것은 생존이었다. 생명의 안전성이 보장되지 못한 원시시대에서는 자신의 신변을 보호하기 위해 남의 안위는 중요하지 않았다. 하지만 생존의 위협이 없는 요즘 시대엔 더불어 사는 것이 미덕으로 칭송되고 있다. 사람들과의 관계 속에서 자신의 잇속만을 추구하는 사람은 결코 좋은 대인관계를 유지하기 힘들다. 또한, 개인주의 성향은 단체나 조직에서 적응이 어려워 외톨이로 전락하는 경우가 많다. 반면 자기 자신보다 남을 위하는 사람은 많은 이의 사랑과 존경을 받는다. 심지어는 자신을 희생해 가며 타인을 돕는 행위는 존경을 넘어 영웅으로 추대되기도 한다.

이타적인 성향의 사람들은 몇 가지 특징적인 행동을 보인다.

첫째, 이타적인 사람은 나눔에 있어 지극히 관대하다. 자신을 이롭게 하기보다는 타인을 더 이롭게 하는 이타적 마음은 인간관계의 가장 바람직한 선순환을 제시한다. 즉 나보다 남을 위하는 삶이 일반화된 세상에서는 내가 곧 베푸는 사람인 동시에 베풂을 받는 사람이 되는 것이다. 마치 우애 좋은 형과 아우가 자신의 볏단을 형제에게 더 베풀어 주기 위해 밤새 서로의 볏짚 위에 자신의 볏단을 지고 나르듯이 말이다. 이타적인 사람은 자신이 가진 것을 남들과 나누는데 인색함이 없는 동시에, 받지 못해서 가지는 서운함에는 매우 관대하다. 즉 Give and Take 적인 사고보다는, Give and Give and Forget 적인 관대함이 있다. 이러한 관대함이 주변 사람들과의 좋은 관계를 유지하는 비결이 된다.

둘째, 이타적인 사람은 배려가 몸에 배어 있다. 시원한 물을 먼저 상대에게 건넬 줄 알고, 뒷사람을 위해 문을 잡아주며, 무거운 짐을 들어주고, 상대에게 먼저 물어보며, 성심껏 알려주는 등 양보와 친절이 몸에 배어 매너 있는 사람으로 비춰진다. 심지어는 여성을 배려하여 신체접촉을 최소화하려는 남성의 노력을 '매너손'이라 하고, 키 작은 사람과 눈높이를 맞추기 위해 다리를 벌리고 서는 노력을 '매너다리'라 부른다. 이러한 지극한 노력은 상대를 배려하는 마음에서 나타나는 행동이고 상대의 호감을 사기에 충분하다.

셋째, 이타적인 사람은 소통에 있어서 적극적이다. 사람들 간의 적극적인 소통은 스스로 의사표현을 적극적으로 하는 것을 의미하진 않는다. 오히려 반대로 상대가 좀 더 적극적으로 의사표현을 할 수 있도록 장려하는 것이다. 여기에는 적극적 경청 및 응대가 필요하다. 이는 마치 아기가 첫 옹알이를 했을 때 엄마가 보이는 행동과 유사하다고 할 수 있다. 눈을 맞추고 웃고 칭찬하고 감탄하는 엄마의 적극적 소통 행위는 아기에게도 무언가를 하려는 동기를 만들어 준다. 세상 물정 모르는 아기도 이러한데 보통 사람들은 어떨까? 적극적 소통을 위해 적극적으로 들어주고 적극적으로 응대해 준다면 막힌 말문도 활짝 열어줄 수 있지 않을까? 세일즈맨이 고객 앞에서 자신의 말은 줄이고, 듣는 시간을 늘린다면 그 시간만큼 판매량도 늘 것이라고 한 세일즈왕의 얘기처럼 소통에 있어 자신보다는 남에 대한 이타적 마음이 필요하다.

이처럼 호감 주는 사람들은 나눔과 배려, 소통에 있어 나보다는 남을 위하는 이타적 정서가 고스란히 몸에 밴 사람들이다. 누가 자신을 위해 주는 사람을 싫어할 수 있겠는가? 사랑은 주는 만큼 받을 수 있다고 했다. 가장 이타적일 수 있는 사람이 자기애도 강하다.

매력성 - Attraction

아름다운 풍경을 보거나 잘 만들어진 예술작품을 대하게 되면 누구나가 기분이 좋아진다. 맛있는 음식을 먹거나 감미로운 음악을 들을 때도 마찬가지로 기분이 좋아진다. 인간은 오감을 통해 세상의 무엇들과 소통을 하고 오감을 만족시킬 수 있는 다양한 환경에 노출되었을 때 기분이 좋아진다. 사람과의 관계도 마찬가지다. 어떤 상대방을 만났는데 자기 자신의 감각이 만족이란 신호를 보내면 나는 상대의 매력에 빠진 것이라 할 수 있다. 상대방의 눈빛, 표정, 목소리, 말투, 외모, 패션 취향, 자세, 행동 등이 복합적으로 어우러져 매력이란 강력한 에너지로 다가온 것이다. 누구나가 매력적인 사람이 되고 싶어 하고, 또한 매력적인 사람들과 좋은 관계를 유지하고 싶어 한다. 분명 매력성이란 호감을 이끌어 내는 중요한 요인으로, 관계를 형성하고 유지하고 강화하는데 긍정적 원인을 제공하는 것은 틀림없다. 하지만 태어날 때부터 매력적인 유전자를 가진다는 것은 내가 선택할 수 없는 것이다. 그렇기에 매력적인 사람이 되는 것은 간절히 원함에도 불구하고 쉽지 않은 미션이다.

하지만 빼어난 유전자의 영향이 아니어도 얼마든지 매력적인 사람으로 거듭날 수 있다. 매력이란 신체의 구조적 아름다움보다는 신체의 행동적 아름다움 비중이 더 크기 때문이다. 구조적 아름다움은 유전적으로 타고난 아름다움 조화로운 얼굴, 늘씬한 체형, 고운 피부, 고른 치아 등 이거나 후천적 노력 의료시술, 다이어트, 패션 센스 등 으로 가꾸어진 아름다움을 포함한다. 이런 구조적인 아름다움의 매력을 매우 강한 끌림을 만들어 내는 것은 사실이지만 그 생명력은 길지 못하다. 반면 행동적 아름다움이 가진 끌림은 서서히 시작되어 오래도록 지속되는 면이 강하다. 물론 구조적 아름다움과 행동적 아름다움을 두루 겸비하고 있다면 말할 필요가 없다. 하지만 영원한 구조적 아름다움이란 존재하지 않는다. 인간은 시간과 더불어 외향은 변하게 되어 있다. 하지만 시간과 더불어 품위와 교양과 세련은 더욱 강화될 수 있다. 젊은 시절 오드리 헵번보다는 나이 든 오드리 헵번을 더 존경하는 것이 이런 이유에서 일 것이다. 즉 지속적인 매력성을 유지하기 위해서는 행동적 아름다움에 치중하는 것이 더욱 중요하다.

그렇다면 행동적 아름다움을 강화시키는 방법은 무엇일까?

그것은 꾸준한 자기계발이다. 말 그대로 꾸준히 자신의 매력을 키워가기 위한 노력이 지속되어야 한다는 것이다. 자연스러운 표정을 가지기 위한 노력, 상황에 맞는 목소리를 만들기 위한 노력, 분위기에 맞게 행동을 조절하는 노력, 장소에 따른 패션을 연출할 수 있는 노력, 상대에 따른 매너와 에티켓을 구사할 수 있는 노력 등 지속적인 자기계발이 병행되어야 한다. 물론 말이나 글같이 쉽지만은 않다. 하지만 삶에서 이러한 노력이 병행되지 않는다면 주변 사람들과의 좋은 관계 유지를 장담하기 힘들다. 매력적인 사람을 만나면 누구나가 기분 좋고 흥분되듯, 나 자신도 누군가를 기분 좋고 흥분되게 만들기 위해서는 노력이 필요한 것이다. 마치 『어린왕자』에 나오는 장미꽃처럼 아침 일찍 일어나 정성껏 단장하고서는 어린 왕자가 다가와 아침 안부를 건네면, 금방 일어난 듯 기지개를 켜며 "아~함, 금방 일어나 내 몰골이 형편없지?" 라며 새침을 떠는 것처럼. 매력은 보이지 않는 곳에서 차곡차곡 쌓아가는 것이다.

호감 가는 이미지를 만들기 위한 네 번째 A

진보성 – Advancement

과거의 사진을 보면 괜스레 부끄러워질 때가 많다. 입고 있는 옷이며, 머리 모양이며, 경직된 표정 등이 촌스럽게 느껴지기 때문이다. 오래된 잡지책을 봐도 마찬가지이다. 그 당시엔 최고의 배우들이 멋지게 입고 폼 잡고 찍은 사진들이지만 역시 촌스럽긴 마찬가지이다. 진한 화장, 넓은 셔츠 칼라, 과장된 어깨, 뭔가 어색한 칼라들의 조합 등이 딱 그때 그 시절을 떠올릴 정도로 예스러운 정취로 느껴진다. 인간은 한결같다는 의미를 좋게 해석하는 경향이 있다. 특히 인간 성격과 관련해서 한결같다는 의미는 근면 성실과 비슷한 어감으로 부지런한 인간성을 표현한다. 하지만 한결같은 사람이 좋은 것일까? 쉬운 예로 10년 전에 옷을 잘 입었던 사람이 한결같이 그 패션 스타일을 고수한다면 지금도 옷을 잘 입는 사람으로 비춰질까? 10년 전에 기업을 잘 경영했던 사업가가 한결같이 그때와 똑같은 방법으로 기업 경영을 한다면 지금도 잘나가는 기업가로 남아있을까? 아마 장담하기는 힘들 것이다. 그때 그 시절이 요구하는 가치는 지금과 분명 다르다. 세상의 변화가 예측이 어려울 정도로 무지막지하게 빠르기 때문이다. 어제의 신기술이 오늘의 보편화 된 기술이 되는 세상이고, 어제 없었던 물건들이 오늘 우수수 쏟아지는 세상에 우리는 살고 있다. 한결같음이란 의미는 진보보다는 정체 또는 퇴보의 뉘앙스로 느껴지는 세상이다. 창조와 변화, 더 나아가 융합과 파괴적 사고가 판을 치는 요즘에 어제와 같은 오늘을 살겠다는 것은 무모함을 넘어서 위험하기까지 한 생각이다.

인간관계도 마찬가지이다. 첫 만남에서 좋은 느낌을 받아서 만남을 지속하는 관계로 발전이 되었는데, 만날 때마다 상대에 대한 변화나 발전이 느껴지지 않는다면 그 관계를 지속할 수 있을까? 사람들이 다양한 사람들과 관계를 가지는 가장 큰 이유는 그 관계를 통해 자신이 성장할 수 있기 때문이다. 단적인 예로 영향력 있는 사람들과의 만남에 있어서 보통의 사람들은 적극성을 띤다. 나보다 어느 분야에서 특출한 능력이 있는 사람들과의 관계 유지는 자신의 발전에 긍정적 영향을 미칠 것이란 강한 신념에서 그런 것이다. 자신 또한 현재의 자아보다 더 나은 이상적 자아가 되기 위해 많은 노력을 기울인다. 외국어를 잘하기 위해 외국인 친구들과 잦은 만남을 희망하고, 멘토가 될 만한 선배나 스승과의 만남을 지속하길 희망하고, 자신에게 좋은 영향을 미치는 사람들과 자주 함께하길 희망한다. 관계를 지속하기 위해 자신 스스로도 더 나아지기 위해 노력하고 상대도 더욱 성장하길 희망한다. 그래서 서로에게 더 큰 시너지를 줄 수 있는 원-원의 관계로 성장하길 원한다.

어제보다 좀 더 발전된 오늘을 사는 사람들은 어제보다 좀 더 나아진 나로 살아야 한다. 생각의 크기도, 지식의 크기도, 기술의 크기도, 통찰의 크기도 마찬가지로 조금씩 성장하여야 한다. 성장하는 자기 자신은 자신에게도 뿌듯한 일이지만 주변 지인들에게도 관계성의 욕구를 일으키는 중요한 요인이다.

그렇다고 해서 한결같음이 현재 시대에 필요 없는 것은 절대 아니다. 한결같은 부지런함, 한결같은 겸손함, 한결같은 아름다움, 한결같은 마음과 같이 한결같은 사람은 여전히 현재에서도 인간관계를 유지시켜줄 수 있는 중요한 부분이다. 여기에 한결같은 자기계발이 병행된다면 그는 분명 주변 사람들로부터 매력적인 인간으로 비춰질 것이다.

Insight

　인간관계에서의 상처는 신체적 상처만큼이나 인간에게 큰 고통을 준다. 실제로 인간관계에서의 따돌림으로 인한 고통은 신체의 훼손이 갖고 오는 실질적 고통과 같은 뇌 반응을 보인다고 학계에서는 보고하고 있다. 인간이 가지는 근본적 심리적 욕구 가운데 관계성의 욕구는 호감이 가는 이미지의 사람에게는 접근하고 그렇지 않은 사람은 회피하려는 경향으로 행동화되어 나타난다. 즉 자신과 친밀한 정서적 결속과 애착을 형성하고 싶은 사람에게는 끌리게 되고, 반면 자신의 안녕을 해치거나 정서적 친밀감이 없는 사람에게는 멀어지게 된다. 관계성의 욕구는 상대의 머릿속에 자리 잡혀 있는 나에 대한 영감, 즉 이미지에 의해 결정된다. 좋은 이미지로 비춰지면 접근하고자 하는 욕구가 발생하고, 반대일 경우엔 회피하고자 하는 욕구가 발생하는 것이다. 그렇기에 호감 가는 이미지를 만들기 위한 노력은 관계성 욕구를 충족시키기 위한 노력으로 귀결된다. 앞서 호감 가는 이미지를 만들기 위한 네 가지 차원 A4 에 대해 언급하였다. 사람 사이에서 서로 간에 좋은 느낌, 즉 좋은 이미지를 가지기 위해서는 지속적인 자기계발이 병행되어야 한다.

인간관계의 패러다임을 나무의 성장으로 비교해 보자면, 우선 씨앗 ^인
^간 이란 생명체가 살아가기 위해서 가장 먼저 하는 행위는 뿌리내리기 ^{바른}
^{마음먹기} 이다. 바른 마음이란 처음에 품은 의도가 거짓이 없고 참된 마음
을 의미하는 것으로 진정성이라 표현한다. 진정성이 바탕 되어야 인간관
계가 시작될 수 있고, 유지될 수 있고, 발전할 수 있다.

다음으로 뿌리가 내린 씨앗은 줄기 ^{살아가는 방향} 를 뻗어 나간다. 줄기의
방향에 따라 나무의 형태가 달라지듯 삶에 있어서의 철학이 인생의 방향
을 결정한다. 살아가는 방향을 결정하는 데 있어 이기적 행동보다는 이타
적 행동이 인간관계에 있어 관계성을 강화하는 중요한 요인이다. 동시에
이타적 행위의 가장 큰 수혜자는 자기 자신임을 알아야 한다. 줄 수 있는
사람이 받을 수 있고, 많이 줄 수 있는 사람이 더 많이 받을 수 있다. 즉,
줄기 ^{살아가는 방향} 는 나 자신을 향하는 것이 아니라, 타인의 향해야 할 것
이다.

그다음으로 뻗어 나간 줄기 사이사이에 잎들 ^{삶의 풍요} 이 돋아난다. 풍성
하고 싱그러운 잎은 나무의 외관을 아름답게 만들고, 시원한 그늘과 보금
자리를 제공한다. 아름다운 외관과 안락한 공간은 많은 새들과 짐승들의
쉼터가 될 수 있다. 마찬가지로 인간관계에 있어 사람을 끌 수 있는 힘은
매력이 풍부해야 하는 것이다. 매력 있는 사람은 늘 주변에 사람이 많고,
그들은 관계를 지속하길 희망한다. 즉 끊임없는 매력의 발산은 사람들 간
의 관계를 풍성하고 친밀하게 만드는 중요 요인이다.

마지막으로 풍성한 잎들 사이에서 열매 ^{삶의 성숙} 가 맺힌다. 열매는 노력
의 결실이고 다음 생명의 씨앗을 잉태하고 있는 고귀한 존재이다. 즉 씨앗

이 발달과정을 거쳐 성숙에 이르렀을 때 만들어지는 창조물인 것이다. 삶의 성숙은 어제보다 나은 오늘을 지향할 때 가능한 것이다. 성숙한 인간이란 매일매일 발전하기 위해 고군분투하는 삶의 정신에서 나타날 수 있다. 이러한 사람은 좀 더 발전적인 삶을 살아가게 되는 동시에 주변 사람들과도 발전적인 관계로 성장해 나갈 수 있다.

모든 사람은 사람들과의 관계적 형성과 유지 및 향상에 지극히 관심이 많다. 모든 사람들은 사람들과의 관계를 통해, 보다 큰 행복을 추구하려 한다. 그렇기에 좋은 관계를 위해 호감을 주는 이미지를 만들기 위해 스스로를 동기부여 한다. 이러한 동기는 인간을 심리적 평온 및 행복으로 자신을 이끌어 줄 것이다.[23]

울면서도 웃고, 웃으면서도 운다.
울고 싶은데 웃고 있는 나 때문에 웃으면서도 눈물이 난다.

－ 안은 情, 나와 나란 것들

23 Ryan, R. M. & Lynch, J. (1989). Emotional autonomy versus detachment: Revisiting the vicissitudes of adolescent and young adulthood. Child development, 60, 340-356.

MOTIVATION 10.0

M money
O object
T temptation
I incentive
V values
A approach & avoidance
T target
I image
O origin ————————————————————————————————
N nature

Chapter 09

최고를 넘어선
유일한 존재
Origin

사람의 행동 발생은 기원origin에서 졸병pawn으로 이어지는
양극을 가진 연속선 위에 존재한다.

— 프리츠 하이더, 심리학자

　여기 한 남자가 있다. 그는 사실적인 그림을 그리고 싶어 안달이 난 화가이다. 어느 날 그는 폭풍우 치는 바다를 몹시 그리고 싶어졌다. 그는 몇 날 며칠을 폭풍이 오기만을 기다렸고, 드디어 폭풍이 온다는 소식을 접하고서는 폭풍 치는 바다를 향해 배를 띄웠다. 주변 모든 사람들이 말렸지만, 그의 기세를 꺾을 수 없었다. 그는 휘몰아치는 폭풍 속으로 깊숙이 들어갔고, 파도에 쓸려가지 않기 위해 갑판 기둥에 밧줄로 자신을 몸을 꽁꽁 묶은 채로 거세게 달려드는 바다를 고스란히 눈에 담았다. 다행히? 살아서 돌아온 그는 눈에 담은 영상을 캔버스 위에 고스란히 토해놓았다. 그 그림은 '폭풍'이란 작품명으로 훗날에 폭풍우를 가장 사실적으로 묘사했다는 평가를 받으며 대중의 극찬을 받게 되었다.

이 영화 같은 이야기는 영국의 국민작가로 여겨지는 윌리엄 터너의 실화이다. 무엇이 죽음을 불사하고 폭풍우 앞에 서게 했는가? 터너의 집념에 찬 행동은 어디에서 나오는 것일까? 자신의 한계를 뛰어넘는 모험을 강행하는 용기의 동기는 무엇인가? 그것은 살아있는 위대한 폭풍우를 캔버스에 담고자 한 강한 욕구에서 시작된 움직임이다. 강력한 욕구는 내면으로부터 강한 동기를 유발하여 죽음 따위도 무섭지 않도록 강하게 무장시킨 것이다. 터너의 이야기에서 느끼듯이 강한 욕구는 그것을 반드시 실행시키고자 하는 열정으로 나타난다. 이런 열정은 집념에 찬 행동으로 표출되며 만족할 만한 결과가 나올 때까지 계속된다. 열정에 불을 지피는 도화선, 즉 강력한 출발점은 남들보다 우월하게 무엇인가를 이루고자 하는 간절한 바람, 즉 유능성에 대한 욕구에서 시작된다.

인간은 누구나가 능력이 있는 사람이 되길 원하고 그 능력을 향상시키기 위해 노력한다. 또한, 주변 사람들로부터 능력을 인정받기를 원하고, 그들의 기대를 뛰어넘기 위해 무던히 애를 쓴다. 어제보다 더 나은 오늘의 삶이란 어제보다 더 향상된 능력을 가진 오늘의 삶과 같은 의미일 것이다.
즉 진보란 의미의 핵심엔 능력에 대한 향상이 존재하는 것이다. 남들보다 차별화된 우수한 능력이란 의미의 유능성은 결과가 뛰어나다는 의미보다는 과정이 탁월하다는 의미에 근접한다고 할 수 있다. 결과의 탁월함을 효과라고 표현한다면 과정의 탁월함을 효율로 표현한다.
즉 유능하다는 것은 효과가 뛰어나다는 의미보다는 효율이 뛰어나다란 의미이다. 다시 말해 유능성이란 주어진 환경 안에서 효율성을 극대화하고자 하는 심리적 욕구이다.

이는 개인의 지식과 기술 및 역량을 강화하여 타인과 비교하여 우위 순위에 서고자 하는 수행 목표를 포함할 뿐만 아니라, 자기 스스로 성장하고자 하는 숙달 목표를 포함한다. 쉽게 말해, 남들에게도 인정받고 스스로에게도 뿌듯한 내가 되는 것을 목표로 한다는 것이다. 인간은 누구나가 성장 내적성장과 외적성장 할 수 있는 조건을 가지고 태어난다. 하지만 개인별 성장에는 차이가 있다. 탁월한 유능함으로 높은 가치를 창출하는 사람이 있는가 하면 그렇지 못한 사람도 부지기수다. 그렇다면 이 차이는 어디에서 오는 것일까?

고통 앞에서
담대해져라

어느 한 분야에서 유능한 전문가로 인정받으려면 뼈를 깎는 노력이 있어야 한다고 얘기한다. 하고 많은 노력 중에 뼈를 깎는다는 표현을 쓴 이유는 무엇일까? 그건 아마도 노력의 과정이 꽤나 고통스럽기 때문일 것이다. 유능한 사람이 되기 위한 전문성을 확보하기 위해서는 많은 시간과 노력과 가치를 투자하면서, 반드시 수반되는 고통에 대해 의연히 대처하는 것에서 출발한다. 전문가로서의 자질은 호락호락 노력만 한다고 주어지는 것은 아니다. 피겨여왕 김연아, 발레리나 강수지, 산소탱크 박지성의 발에서 찾을 수 있는 공통점은 고통으로 다져진 두꺼운 굳은살이다. 굳은살은 고통에 대한 자가 면역 체계이다. 즉 고통의 산물이며 고통 항원 에 대한 항체인 것이다.

인간은 누구나 행복을 추구하고 불행의 산물인 고통을 회피하려 든다. 하지만 고통의 회피가 더 큰 불행으로 다가올 수 있다는 것을 알게 된다면 고통 앞에서 취해야 하는 태도는 달라질 것이다. 유능성 확보를 위한 여정에서 반드시 취해야 하는 마음의 자세, 고통에 겁먹지 말고 든든한 배짱으로 이겨내는 자세가 전제되어야 한다.

인간은 고통 앞에서 나약해지는 존재이다. 무슨 수를 써서라도 고통을 줄이거나 피하고 싶어 한다. 여기에는 인간의 생존욕구가 내면 깊숙이 깔려 있기 때문일 것이다. 메슬로우 Abraham H Maslow 의 욕구의 계층구조를 보면 인간 욕구의 1단계는 생리적 욕구, 2단계는 안전의 욕구이다. 욕구의 하위 계층은 궁극적으로 생존과 직결되는 문제이다. 인간은 의식적이든 무의식적이든 생존에 대한 강한 집착을 가지고 있으며 생존을 위협하는 요인에 대해서는 최대한 멀리 회피하려는 경향이 강하다. 인간이 고통을 피하고 싶어 하는 이유는 여기에서 찾을 수 있다. 고통은 생존을 위협하는 신호탄이기 때문이다. 배가 고픈 고통, 추운 고통, 목마른 고통, 잠잘 수 없는 고통 등의 생리적 욕구가 충족되지 않았을 때 느껴지는 고통은 나약한 인간에게는 죽음을 연상시키기에 충분하다. 그래서인지 습관적으로 '죽겠다'는 소리를 달고 사는 것일 수도 있다. 배고파 죽겠고, 추워 죽겠고, 잠이 와 죽겠고, 심지어는 배불러 죽겠기도 한 것이 인간인 것이다. 여기에서 '죽겠다'란 의미는 '죽음을 예방하고 극복해야겠다.'는 의지의 왜곡된 표현일 것이다. 이렇듯 생존이란 절박한 상황 앞에 놓여 있는 인간에게서 고통이란 피하고 싶은 존재인 듯한데, 그렇다면 고통은 인간에게 무조건 해로운 존재인가?

고통의 양면성

고통의 영역은 육체적 고통과 정신적 고통으로 구분된다. 앞서 설명한 메슬로우의 욕구의 계층구조 가운데 3단계는 사회적 욕구, 4단계는 존경의 욕구, 5단계는 자아실현의 욕구이다. 앞서 하위 계층의 욕구가 충족되지 못했을 때 수반되는 고통은 육체적 고통에 가깝다면, 상위 계층의 욕구가 충족되지 못했을 때 수반되는 고통은 정신적 고통에 가깝다고 할 수 있다. 그렇다면 육체적 고통이건 정신적 고통이건 모두가 인간에게 불필요한 존재인가?

당신 손가락 끝에 가시가 하나 깊숙이 박혔다고 예상해 보자. 분명 죽을 만큼은 아니지만 아주 불쾌한 고통이 수반될 것이다. 이런 상황에서 만약 당신이 고통을 느낄 수 없다면 과연 행복할까?

첫째, 가시의 고통을 느낄 수 없는 나. 둘째, 가시의 고통을 느끼는 나. 이 둘의 차이는 대응방법에서 확연히 다를 것이다. 전자의 경우는 가시를 방치해 둘 확률이 높고, 후자의 경우는 어떻게 해서라도 가시를 제거해서 고통에서 벗어나려고 노력할 것이다. 이런 대응방법의 차이는 어마어마한 결과의 차이를 만들어낸다. 고통은 따르지만 가시를 제거한 경우는 별 변화 없이 생활해나갈 것이다. 하지만 가시를 방치한 경우엔 세균 감염으로 인해 손가락을 절단해야 할 수도 있다. 우리가 암이 무서운 질병이라 여기는 이유는 고통 없이 스며들어 완전히 신체를 제압하고 난 후에 엄청난 고통을 주기 때문이다. 어찌 보면 고통은 더 큰 고통을 막아주는 예방 주사와도 같다고 할 수 있다. 주사의 날카로운 고통을 견디면 질병의 고통을 줄일 수 있기 때문이다. 이렇듯 고통의 첫 번째 긍정적인 면은 더 큰 고통을 줄여주는 단초, 즉 실마리 역할을 한다는 것이다.

주변을 살펴보면 고통을 일부러 만드는 사람을 종종 보게 된다. 매운 음식을 먹어 혀가 타들어가는 고통을 느끼는 사람, 달리고 또 달리어 심장이 터질 것 같은 고통을 느끼는 사람, 무거운 역기를 들어 근육이 끊어질 것 같은 고통을 느끼는 사람, 살에다가 바늘을 수십만 번을 찔러가며 문신을 새기는 사람 등 스스로 자처해서 고통을 만들고 기꺼이 감수까지 한다. 이들의 공통점은 무엇일까? 그것은 고통이 주는 보상의 매력을 즐긴다는 것이다. 매운 음식의 고통, 물론 일부의 이야기지만 스트레스 해소란 매력적인 보상을 안겨준다. 심장이 터질 듯한 고통은 완주의 기쁨을 선사하고, 수만 번의 바늘 침의 고통은 아름다운 신체 부위를 만들어 준다. 무거운 역기를 들고 땀을 뻘뻘 흘리며 고통에 찬 신음소리를 내 본 사람들은 차지게 단련된 근육을 통해 만족감을 느끼게 된다. 근력운동을 하면 근육들이 미세하게 찢어지면서 고통이 수반되지만, 회복되는 과정에서 더 크고 단단한 근육으로 변하기 때문이다. 솔직히 고통 이후의 달달함이 고통의 크기보다 더 크기 때문에 사람들은 고통을 선택하는 것이다. 이렇듯 고통의 두 번째 긍정적인 면은 고통이 주는 선물이 달콤하며 매력적이란 사실이다.

시험 준비를 위해 밤새워 공부한 경험이 있는가? 중요한 프레젠테이션을 앞두고 몇 날 며칠을 고민하고 준비한 경험이 있는가? 풀리지 않는 문제를 해결하려고 오랜 시간 골머리를 앓아 본 적이 있는가? 조금이라도 더 나아지기 위한 발버둥은 인간에게 극심한 심리적 고통을 준다. 익숙하지 않은 일에 대한 도전, 새로운 기술 습득, 낯선 환경에 대한 적응, 버거운 도전 과제 등과 같이 일상적인 노력으로 해결되지 않는 어려운 숙제들이 있다. 이것들은 단기적인 것일 수도 있고 아주 장기적인 시간을 요구하는 것들도 있다. 이런 버거운 과제를 수행하는 데는 신체적 고통을 넘어선 정신적 압박이나 스트레스가 존재한다. 이런 정신적 스트레스는 인간을 힘들게 하는 것은 사실이다. 하지만 이런 힘든 시간을 이겨내면 인간은 몸 안에 새로운 무기를 장착하게 된다. 더 강하고, 더 세련되며, 더 유용한 무기로 자신을 업그레이드시키는 것이다.

파블로가 어릴 적 고치를 뚫고 나오는 나비를 보다가 너무 힘들어 하는 것 같아 가위로 고치를 잘라 편하게 나오게 해 주었다. 그런데 그 나비는 나와서 얼마 되지 않아 비실비실 죽어 버렸다. 알고 봤더니 나비는 고치를 뚫고 나오는 시간 내내 고통을 이기면서 날개에 힘을 기르고 세상에 적응하는 법을 배운 것이었다. 고통을 줄여주는 것이 결국은 독이 되어버린 셈이다.

어릴 적 성장통을 앓아본 경험이 있을 것이다. 성장통은 근육의 성장이 뼈의 성장속도에 비해 느리게 진행되기 때문에 근육이 당겨서 느껴지는 통증이다. 몸에 성장통이 있듯이 정신에도 성장통이 있다. 자신의 역량보다 한 수 위의 과제가 주어진다면 근육이 당기듯 뇌가 당기게 되고 신체적 성장통과 같이 정신적 고통을 느끼게 되는 것이다. 이런 고통을 받아들이고 이겨낸 사람은 좀 더 강한 면역력을 가지게 된다. 어려운 상황에 대한 면역력, 버거운 과제에 대한 면역력, 불편한 관계에 대한 면역력 등 자신의 내면을 더욱 강하게 만드는 것이다. 이것은 곧 진화를 의미한다. 고통을 이기며 점점 더 나아지는 것이다. 즉 고통은 인간 진화를 위한 필수요소라 할 수 있다. 이렇듯 고통의 세 번째 긍정적인 면은 진화를 돕는다는 데 있다.

고통 앞에서 비로소 담대해질 수 있을 때 당신은 신체적으로든 정신적으로든 준비를 갖춘 셈이다.

쾌통 철학

최면상태에서 매운 양파를 달콤한 사과처럼 먹거나, 즐겨 피던 담배에 구역질하는 사람을 본 적이 있을 것이다. 이는 자신의 의식을 최면술사에게 주면 능동적 자세에서 수동적 모드로 전환이 되면서 주어진 암시를 제시하는 데로 의심 없이 받아들여서 나타나는 현상이라 한다. 이는 최면술사의 농간이 아니어도 일상에서 쉽게 찾아볼 수 있다. 꽉 졸라맨 코르셋으로 숨쉬기조차 편하지 않더라도 아름다운 허리 라인을 보여주기 위한 욕구는 자신에게 암시를 준다. 지금 힘든 것이 아니라 아름다워 지고 있는 것이라고. 하이힐은 다리 선을 매혹적이게 하는 고마운 선물이고, 쓴 술은 마음을 열어주는 단물이라고 자신에게 무의식적으로 암시를 준다.

이 덕분에 코르셋과 하이힐을 신은 여성은 힘든 고통이 아닌 즐거운 쾌감을 느끼는 것이고, 쓴 화학주의 알싸한 고통은 어느새 마음과 마음을 연결시켜 주는 중매쟁이가 되어 인간을 흥겹게 하기도 한다. 여기에서 중요한 포인트는 내가 암시를 어떻게 설정 하냐에 따라 기쁨이 되기도 하고 고통이 되기도 한다는 것이다.

즉, 자기암시의 방향성을 철저히 관리하라는 것이다. 지금의 고통은 현재의 내가 진화되고 있다는 증거이고, 고통이 없다면 발전도 없는 것이니 제발 고통이 나에게 와서 나를 발전시켜 달라고 자신에게 말하는 것이다. 고통 없는 것이 더 큰 고통이니 내가 감수할 수 있을 만큼의 고통으로 내성을 키우는 것이다. 마치 아주 소량의 독으로 천천히 독에 대한 저항력을 키우듯 말이다.

튤립이 크고 아름다운 꽃을 피우기 위해서는 구근 상태에서 50일 이상 영하의 온도에서 고통을 이겨야 가능하다고 한다. 지금의 고통이 화려한 꽃이란 영광으로 피어난다는 자기 암시는 고통 앞에서 담대해질 수 있는 인간이기에 가능한 축복일 것이다.

고통은 진화를 위한 즐거운 비명이다.

고난이여 다시 오라
고통이 내 영혼을 휘어잡아 깊은 고뇌에 빠뜨렸을 때
비로소 나는 인간이 되었다.

– 그리스 신화 속 영웅, 필록테테스

열정과 냉정

유능한 사람이 되기 위해서는 열정적 행동이 뒷받침되어야 가능하다. 여기서 열정이란 주어진 사명 앞에서 열렬한 애정을 가지고 열중하는 마음자세를 뜻한다. 시간과 노력에 몰입이란 엑기스가 첨가되어야 진정 열정의 맛을 제대로 발휘할 수 있는 것이다. 그렇다면 인간이 항상 열정적인 삶을 유지한다는 것은 가능한 것일까?

속도를 내는 기구들이 속도를 높이기 위해서 필요한 것은 가속기만이 아니다. 여기에 제동기가 있어 줘야 지속적으로 안전하게 속도를 조절할 수 있다. 마찬가지로 지속적으로 열정적이기는 힘들다. 인간은 또한 충전과 자기반성을 통해 성장한다. 열심히 일한 뒤의 달콤한 휴식이 일에서의 몰입을 돕듯이 열정적인 시간 뒤에는 냉정한 충전과 자기반성의 시간이 필요하다. 열정적인 사람은 뛰다가 넘어지면 다시 일어나 앞을 보고 다시 뛴다. 하지만 냉정한 사람은 뛰다가 넘어지면 현재 자신의 위치를 재점검하기 위해 앞과 옆과 뒤를 면밀히 관찰한다. 그래서 더 분발해야 할지, 여유를 가져야 할지, 방향을 전환해야 할지를 다시 생각한다. 뜨겁게 달구어진 쇳덩이가 찬물에 담금질을 반복하면서 비로소 순도와 강도가 높아지듯이 열정으로 달아오른 추진력은 냉정이란 제동장치를 거치면서 더 강하고 단단하게 진화되어 가는 것이다. 액셀러레이터 옆의 브레이크와 같이 열정의 뜀박질 가운데 뒤를 돌아보며 냉정한 숨 고르기가 필요한 것이다.

오해하지 말아야 할 것은 냉정은 열정의 반대말이 아니다. 열렬한 애정을 가지고 열중하는 마음은 같지만, 성취를 위해 전진하는 것이 열정이라면 잠시 멈춰 서서 재정비하는 것이 냉정이다.

열정 가운데 냉정을 찾기란 쉬운 일이 아니다. 말 그대로 목표를 향해 미쳐있을 때는 뒤를 돌아보는 것조차 두렵게 느껴지기도 한다. 그래서 남의 조언이나 충고 따위에 흔들리지 않으려고 자신을 더욱 무장시키기도 한다. 열정의 오용은 때론 효율성의 저하를 초래하기도 한다. 열심히 오른 산이 정상으로 가는 길이 아니었다면 누구를 탓할 것인가?

열정 가운데 냉정이란 담금질은 효율성을 높여 줄 뿐만 아니라 더욱 지속적인 열정을 만들어 주는 윤활제 역할을 해준다. 다만 한 가지 중요한 것은 성취도 아니고 점검도 아닌, 긴장도 아니고 이완도 아닌, 즉 이도 저도 아닌 미온적 태도가 가장 위험하다는 것이다.

열정의 반대말은 냉정이 아니라 미온인 것이다.

미온적 태도로 일관하는 사람은 늘 뒷북에 강하다. 현재에 충실한 태도를 보이는 것이 아니라 결과에 훈수 두기 바쁜 것이다. '내 그럴 줄 알았다', '내가 뭐라고 하더냐' 식으로 과정에서의 적극성은 보이지 않으면서 결과에 있어서 의미 없는 참견으로 오지랖을 떠는 격으로 말이다.

유능성을 향상시키기 위한
4가지 차원의 F - F4

유능성 있는 사람이 되고 싶은 욕구는 지극히 당연한 사실이다. 어디 가서 유능성을 인정받으면 자존감이 높아지고 기분이 좋아진다. 또한, 자신의 유능성을 지속적으로 높이고자 하는 동기가 된다. 반면 유능성의 상실은 자존감에 치명적인 타격을 입히게 되고 정신적 고통과 불안을 유발한다. 그래서 인간은 유능성을 향상시켜 행복에 접근하고 고통과 불안에서 멀어지길 희망한다. 그렇다면 유능성을 향상시키기 위해서는 어떠한 방법이 필요할까?

본 책에서는 보다 효율적이고 지속적으로 유능성을 향상시키기 위한 방법에 대해 네 가지의 F로 시작된 키워드로 정리하고자 한다. 이른바 F4, 꽃미남 4명이 아닌 유능성 향상 요인 F4이다.

유능성을 향상시키기 위한 4가지 차원의 F4

Fulloptimization Challenge 최적의 도전

Flow Experience 몰입의 경험

Feed back 적절한 반응

Failure Tolerance 실패의 내성

유능성을 향상시키기 위한 첫 번째 F

최적의 도전 – Fulloptimization Challenge

사람에 따라 도전 목표는 다르다. 누군가는 세계 최고봉을 오르는 것이 목표이고 누군가는 우리나라 최고봉을 오르는 것이 목표이다. 그렇다면 누구의 목표가 더 좋은 것일까? 객관적으로 보면 우리나라 최고봉보다는 세계 최고봉이 거창하고 멋있는 목표로 느껴진다. 하지만 도전 목표를 설정할 때 중요한 것은 멋지고 거창한 목표가 아니라 '어렵지만 실현 가능한 가치 있는 도전' 목표의 설정이다. 목표란 도전과 성취를 전제로 치밀하게 세워지는 계획이다. 도전하여 성취할 수 없는 목표의 설정은 무의미하다. 유능성을 향상시키기 위한 최적의 도전은 '어렵지만 실현 가능한 가치 있는' 수위에서의 도전이 가장 효율적이다. 중요한 것은 '어렵지만 실현 가능한'과 '가치 있는'이란 의미, 즉 난이도와 중요도 조정이 매우 중요하다. 도전에 대한 난이도와 중요도는 개인차가 다양하다. 개인의 능력에 따른 난이도의 차이와 개인의 가치에 따른 중요도의 차이가 존재한다. 그렇다면 유능성 향상을 위한 도전과제의 최적 조건은 어찌해야 될까?

우선 난이도 부분을 살펴보자. 난이도는 '어렵지만 실현 가능한' 수준의 도전 난이도가 가장 유능성을 활성화 시킨다.[24]

즉 자신의 기술과 능력의 수준에서 조금 더 노력해야지만 수행이 가능한 정도의 수위가 가장 유능성을 높인다는 것이다. 예를 들어 영어 실력이 서로 다른 세 명의 학생이 있다고 가정해 보자. A군은 원어민과 같이 유창한 영어 실력을 갖춘 고급반 학생이고, B군은 어느 정도 의사소통 능력을 갖춘 중급반 학생이고, C군은 영어가 매우 서툰 초급반 학생이다. 이들에게 영어로 프레젠테이션을 해야 하는 공통의 도전 과제가 주어진다고 생각해 보자. A군은 자신의 역량에 비해 다소 쉬운 과제로 인해 흥미를 잃거나 무료해 질 수 있다. 반대로 C군은 자신의 역량을 훨씬 뛰어넘는 버거운 과제로 인해 걱정과 불안이 증폭될 것이다. 한편 자신의 역량에 적당히 일치하는 과제를 부여받은 B군은 잘해서 인정받아야겠다는 유능성의 욕구가 가장 활성화되어 적극적으로 과제를 수행할 것이다. 이처럼 유능성 욕구를 가장 자극하는 목표의 난이도는 개인의 역량에 비해 약간 어려운 수준이 최적의 조건이며, 이 상태에서 활성화된 동기는 강력한 집중을 이끄는 것이다.

유능성을 향상시키기 위한 최적의 도전 과제에서 난이도는 동기의 강도를 결정짓는 중요한 요인이다.[25]

---

24 Locke, E. A. & Latham, G. P. (1990). A theory of goal setting and task performance. Englewood Cliffs, NJ: Prentice Hall.

25 Tubbs, M. E. (1986). Goal-setting: A meta-analysis examination of the empirical evidence. Journal of applied psychologist, 71, 474-483.

그렇다면 난이도를 인위적으로 조작 가능할까? 결론적으로 말하자면 난이도 조절을 통해 더 강력한 동기의 유도가 가능하다. 앞의 가정을 다시 살펴보자. A군은 도전 과제의 난이도가 자신의 역량보다 현저히 낮기 때문에 동기가 활성화되지 않은 상태이다. 이때 동기를 활성화시키기 위해 스스로 과제의 난이도를 조절할 수 있다. 예를 들어 영어로 프레젠테이션하면서 수화를 동시에 한다든가, 세련된 시각적 영상 자료를 함께 만들어 발표한다든가, 아니면 자신보다 역량이 떨어지는 파트너와 함께 공동 작업을 수행하는 따위의 다양한 형태의 난이도 조절이 가능하다. 이러한 도전은 과제의 지루함을 날리고 보다 높은 수행결과를 만들기 위해 집중할 수 있도록 돕는다. 마치 골프선수가 아마추어와 내기를 할 때 한 손으로 치겠다는 스스로에게 페널티를 적용하듯 말이다.

다음으로 중요도 부분을 살펴보자. 중요도는 개인이 느끼는 '가치 있는 정도'로서, 중요도가 높다고 생각되는 과제가 유능성을 활성화 시킨다. 즉 개인에 따라 가치관이 다르듯 자신의 생각 기준에 가치가 있다고 판단하는 일을 더 잘하려고 노력한다는 것이다. 예를 들어 우수한 논문을 쓰는 작업이나 거친 암벽을 등반하는 작업, 또는 사막을 횡단하거나 정글을 탐험하는 행위 등과 같이 어떤 이에게는 무모하고 의미 없는 행동이 어떤 이에게는 삶의 의미라 할 만큼 중요한 것들이 존재한다. 개인이 가지는 도전 과제의 중요도는 개인이 가지는 가치관과 매우 긴밀한 관계를 가진다. 우수한 논문을 쓰고자 하는 욕구는 세상에 새로운 이론을 정립하여 그 분야의 독보적인 인물이 되고자 하는 바람을 포함한다. 거친 암벽을 등반하고자 하는 욕구는 자신의 신체적 한계를 넘어선 짜릿한 쾌감을 즐기고자 하는 바람을 포함하고, 거친 자연을 탐험하고자 하는 욕구는 거대한 자연 아래 자신의 정체감을 찾고자 하는 바람을 포함한다. 여기에는 사상과 이념도 포함된다. 종교적 관점, 정치적 관점, 이념의 관점에선 더욱 과격한 행동도 서슴지 않는 사람들을 종종 보게 된다. 이렇기 때문에 자신의 가치와 일치하는 도전에 목숨까지 거는 과감한 행동도 보일 수 있는 것이다.

그렇다면 개인에 따른 중요도도 조절이 가능할까? 난이도와 마찬가지로 중요도도 조절이 가능하다. 인간은 생각의 동물이고, 그 생각은 수시로 바뀌기도 한다. 생각이 바뀐다는 것은 삶의 중요한 가치도 변화할 수 있다는 것을 의미한다. 돈은 모으는 것에 중요한 가치를 뒀던 사람이 어떠한 계기로 나눔에 가치를 두기도 하고, 사업의 성공에 가치를 뒀던 사람이 정치 활동에 가치를 두기도 하는 등의 중요성은 시간에 따라 변화할 수 있다. 하지만 최적의 도전 과제란 개인의 주관적 관점에서 그것이 무엇이든 간에 가치가 높다고 판단되는 과제라는 것은 변함없는 사실이다.

유능성 욕구를 자극할 수 있는 최적의 도전은 개인에 따라 차이가 존재하지만 '어렵지만 실현 가능한 가치 있는 도전'으로 스스로가 난이도와 중요성에 대한 조절로 더욱 강화시킬 수도 있고 약화시킬 수도 있다.

여기에서 유능성을 향상시키기 위한 최적의 도전 목표는 개인적인 난이도와 중요도가 가장 높은 위치에 존재하는 과제로 남들이 하지 못한 영역에 까지 자신의 역량을 확장시켜 최고를 넘어서 최초가 되는 오리진 origin 에 대한 도전일 것이다.

유능성을 향상시키기 위한 두 번째 F

몰입의 경험 – Flow Experience

무엇인가에 미쳐본 경험이 있는가? 날 새는 줄도 모르고, 누가 왔는지도 모르고, 시간이 지난 줄도 모르고, 배고픈 줄도 모르고 무엇인가에 미쳐 집중한 경험이 있는가? 이런 경험들은 사랑하는 사람과 함께 있거나, 중요한 프로젝트를 진행하거나, 책을 읽거나, 게임을 하거나, 좋아하는 운동을 하거나, 재밌는 영화를 볼 때와 같이 일상에서 종종 경험하게 된다. 이렇듯 어떤 활동에 미친 듯이 몰두하고 깊이 있게 관여하는 집중의 상태를 플로우 flow, 다른 말로 몰입이라 한다. 몰입을 이끄는 에너지는 근본적으로 즐거움에 대한 욕구에서 비롯된다.

플로우에 대해 처음으로 연구한 칙센트미하이 Csikszenmihalyi [26]는 즐거움의 본질이 몰입의 경험에 있다는 것을 발견하였다. 그는 최적의 도전 과제

---

26 Csikszentmihalyi, M. (1975). Beyond boredom and anxiety: The experience of flow in the work and play. San Francisco: Jossey-Bass.

에 직면하게 되면 동기가 최대한 활성화되어 도전에 대한 관여도가 높아지고 몰입을 경험하게 된다고 하였다. 이러한 몰입은 유능성을 향상시키고자 하는 욕구에 의해 만들어진 집중의 상태이다. 즉 자신의 관심 분야에서 자신이 가진 역량을 알리고 인정받고자 하는 마음이 행동으로 나타나 엄청난 집중의 상태를 만들고, 유지하게 하는 것이다. 몰입의 경험은 자신의 도전에 대한 정서적 즐거움이고, 더 나아가 중독성을 가질 정도로 치명적이어서 반복하고자 하는 행동으로 나타난다.

몰입을 유발하고, 지속하고, 다시 유발하게 하는 에너지는 도전 과제에 대한 즐거움 때문일 것이다. 사랑하는 사람과 함께 있어서 느끼는 즐거움, 중요한 프로젝트를 잘 수행했다는 만족감에서 오는 즐거움, 재미있는 책과 영화를 봤다는 즐거움, 운동의 즐거움, 게임의 즐거움 등 몰입은 즐거움을 유발하고 그러한 즐거움의 체험은 다시 경험하고 싶은 중독성으로 나타난다.[27] 이러한 중독적 몰입은 그 분야의 역량 강화로 이어진다. 결국, 이러한 순환구조는 즐거운 일에 몰입하고 몰입을 통해 역량이 강화되고, 반복적 몰입은 지속적 유능성의 향상을 만든다. 즉 즐기다 보니 몰입하게 되고, 몰입하다 보니 남들보다 더 잘하게 되는 아주 단순한 이치로 설명된다.

---

27 Csikszenmihalyi, M & Nakamura, J. (1989). The dynamics of intrinsic motivation: A study of adolescents. In C. A. Ames & R. Ames (Eds.), Research on motivation in education (3, 45-61). San Diego, CA: Academic Press.

몰입의 경험은 도전 과제가 개인적으로 적당히 어려우면서 매우 가치 있을 때 극도로 활성화된다.[28] 가치가 높다 하더라도 도전이 너무 쉬울 때는 무료함을, 너무 어려울 때는 불안을 초래한다. 개인에 따라 무료함을 흥미로 바꾸기 위해 다양한 자극물 기대 이상의 인센티브 또는 어려운 도전과제와의 협업 을 사용하기도 하고, 어려운 과제에 대한 불안을 극복하기 위해 도전 과제를 수행하기 좋은 조건으로 재정비 난이도 조정 또는 전문가와 협업 하기도 한다. 그것이 무엇이 되었건 몰입의 경험은 삶을 풍요롭게 만들어 행복한 감정을 느끼게 만들어 준다. 단 개인의 유능성을 향상시키기 위한 방향으로의 몰입이었을 때만 가능한 일이다. 왜냐면 몰입의 방향이 단지 즐거움과 재미만을 추구하는 쪽으로 흐른다면 예를 들어 게임이나 도박 등 긍정적 유능성의 향상은 기대하기 힘들어 지고, 시간과 더불어 원하지 않은 나락으로 떨어질 수도 있기에 주의해야 한다. 몰입은 방향이 어디로 향하느냐에 따라 도착점은 판이하게 다르다. 사회적으로 긍정적이라고 판단되는 방향에서의 몰입은 유능성을 활성화하지만, 반사회적으로 판단되는 행위의 몰입은 그 분야의 역량 강화에는 도움이 될 수도 있지만, 결과적으로 부정적 결과를 초래하여 원하지 않는 종착역에 도달하게 될 수 있다.

28 Csikszentmihalyi, M. (1990). Flow: The psychology of optimal experience. New York: Harper & Row.

유능성을 향상시키기 위한 세 번째 F

적절한 반응 - Feed back

여기 100m 달리기가 주 종목인 육상선수가 있다. 그는 달리기를 잘하기 위해 열심히 노력하는 선수이다. 하루에 8시간 이상을 운동장에서 보내면서 기초 체력 훈련부터 기록 단축을 위한 정교화 훈련에 이르기까지 요령 피우지 않고 열심히 훈련에 임하고 있다. 그는 100m 달리기 선수로서 유능성을 향상시켜 주변 사람들의 인정을 받기를 원한다. 하지만 그는 자신이 잘 하고 있는 건지, 그렇지 않은지 모호할 때가 많다. 즉 '이것 현재 하고 있는 훈련 방식 이 최선인가?'에 대한 명확한 대답이 어렵다는 것이다. 그 이유는 자신의 행위에 대한 주변 사람들의 적절한 반응, 즉 피드백이 없기 때문이다. 갈 방향이 명확하지 않으면 속도를 내기가 어렵다. 적절한 피드백은 목적지를 향해 전속력을 낼 수 있도록 도와주는 안내판과 같은 역할을 한다. 즉, 일관성 있는 적절한 피드백은 유능성 향상에 큰 영향을 미친다.[29] 그렇다면 피드백은 어떻게 하는 것이 가장 좋을까?

---

29 Skinner, B. F. (1996). A guide to constructs of control. Journal of personality and social psychology, 71, 549–570.

유능성 향상을 위한 피드백은 크게 다섯 가지 형태로 이루어진다.

첫째, 수행하고 있는 과제 자체에 대한 피드백이다. 예를 들면 '현재 100m 달리기 기록이 11초 11이다'라는 것이다. 즉 피드백이 과제 그 자체의 수행에 포함되어 있는 것을 의미한다. 그러나 이러한 피드백에는 수행 결과에 대한 평가가 배제되어 있다. 잘-잘못에 대한 구분과 호-불호에 대한 구분이 없어 적절한 반응이라 하기에는 모호함이 있다.

둘째, 자기 자신과의 비교를 통한 피드백이다. 자기 자신의 과거 수행 결과와의 비교를 통해 현재 진보하고 있는지 퇴보하고 있는지 정체되어 있는지에 대한 평가이다. 예를 들어 6개월 전 기록이 11초 55이고 현재 기록이 11초 11로 나타난다는 것은 능력이 향상됨을 보고한다. 자신의 과거와의 비교를 통한 피드백은 단순한 능력의 향상은 보고될 수 있으나 객관적 능력 평가는 모호하다.

셋째, 타인과의 비교를 통한 피드백이다. 이는 같은 분야에 종사하는 주변 사람들과의 비교를 통해 평가하는 방법이다. 예를 들어 경쟁 선수들의 올해 최고기록과 자신의 올해 최고기록을 비교하거나, 우리나라 100m 최고 신기록 10초 23 , 세계 신기록 9초 58 과의 비교를 통해 자신의 유능성을 점검하는 것이다.

이러한 타인과의 비교를 통한 평가는 자칫 행복에 부정적 영향을 미치기도 한다. 인간은 자신보다 못한 사람과의 비교보다는 우월한 사람과의 비교 성향이 훨씬 강하다. 이는 유능감을 향상시키는 요인보다는 우울이나 스트레스를 유발하는 요인으로 작용하기도 한다. 비교를 통한 스트레스는 어디에도 존재하지만, 유능성 향상을 위한 스트레스는 어느 정도는 긍정적 자극이 된다.

비교를 통한 현재 자신의 상태에 대한 피드백은 더 큰 몰입 조금만 더 하면 되겠다는 식으로 을 유도할 수도, **빠른 포기** 도저히 따라잡을 수 없다는 식으로 를 유도할 수도 있다. 타인과의 비교는 자신의 역량에 대한 객관적 평가로서 현 위치를 확인하고 새로운 목표를 세우는 기준점으로 활용하기에 적절하다.

넷째, 타인의 평가를 통한 피드백이다. 관련된 사람들이 자신에 대해 주관적으로 평가하는 형태를 취한다. 예를 들어 장래가 촉망되는 유망주라던가 달리기에 매우 적합한 체형을 타고났다는 식의 긍정적 평가가 있는가 하면 반대로 부정적 평가도 존재한다. 타인의 긍정적 평가는 유능성을 향상시키는 요인이 될 수도 있지만, 부정적 평가는 심리적 불편과 위축을 초래한다. 또한, 평가내리는 사람이 관련 분야의 전문가라면 평가에 대한 피드백은 더욱 강력하게 작용한다. 왜냐면 전문가는 그 분야에 대한 많은 지식과 통찰을 가지고 있다는 신뢰가 형성되어 있기 때문에 그들의 평가는 강력한 피드백으로 힘을 발휘하는 것이다.

마지막으로 공신력 있는 기관의 평가를 통한 피드백이다. 언론, 학회, 대학, 연구소, 정부 등 대중들에게 공신력을 인정받는 다양한 기관에서 내린 평가는 객관성과 공정성이 보장된다는 판단하에 강력한 영향력을 행사한다. 이러한 공신력 있는 기관을 통한 평가는 다양한 형태로 나타난다. 평가등급 제시, 시상식 개최 및 수상자 발표, 인증서 전달, 자격증 발부 등을 통해 개인의 유능성을 객관적으로 검증해주고 사회적으로 인정받을 수 있는 테두리에서 보호해 준다. 예를 들어, 올해의 선수상 입상,

명예의 전당 입성, 영향력 있는 인물로 선정 등이 여기에 해당한다. 이러한 기관에서의 객관적 평가는 개인의 유능성에 대한 지각을 바탕으로 유능성 향상에 긍정적 영향을 미친다.

종합적으로 살펴보면 피드백은 현재 개인의 능력에 대한 평가를 바탕으로 유능성을 강화 또는 감소하는 데 중요한 영향을 미친다.[30]

다양한 피드백 경로 활용을 통해 역량을 강화할 수 있는 진보적 평가를 이끌어낼 수 있다면 개인의 유능성은 지속적으로 향상되리라 기대한다.

30 Reeve, J. & Deci, E. L. (1996). Elements of the competitive situation that affect intrinsic motivation. Personality and social psychology Bulletin, 22, 24-33.

유능성을 향상시키기 위한 네 번째 F

실패의 내성 – Failure Tolerance

사람들은 인생을 길에 비유하여 설명하기를 좋아한다. 지나온 길은 명확한데 앞으로 갈 길이 불명확해서일까? 아니면 긴 삶의 여정을 상징적으로 표현하기에 길이 적당해서일까? 아무튼, 인생은 길과 미묘하게 닮은 구석이 많은 것은 사실이다. 그런데 인생을 길에 비유한 것들을 살펴보면, 인생은 가시밭길, 인생은 나그네길, 인생은 고행의 길과 같이 순탄치 않은 길에 비유되곤 한다. 힘들고 외롭고 고통스러운 것이 인생이기 때문인 걸까? 결단코 그것은 아니라 본다. 인생 자체는 아름답고 풍요롭고 행복하게 묘사하는 반면, 그 과정 길은 순탄하지 않았기 때문일 것이다. 이것은 인생이 아름답고 풍요롭고 행복하기 위해서는 반드시 힘들고 외롭고 고통스러운 과정을 겪어야만 참된 행복에 도달할 수 있음을 의미한다.

고통의 열매는 달다 했다. 이 말은 고통을 느끼지 못하면 달콤함 또한 누리기 힘들다는 표현이다. 그만큼 원하는 결과를 얻기 위해서는 가시밭

길이나 고행의 길과 같이 힘듦, 어려움, 외로움을 감수하여야 한다는 것이다. 최고, 최초, 최대, 최선이 되기 위한 길에는 반드시 무수한 시행착오란 가시가 존재한다. 가시에 찔리고, 빼고, 치료하고, 낫고 하는 과정에서 인간은 더욱 단단해진다. 독을 이겨야 독에 대한 내성이 만들어지고, 자극을 이겨야 단단한 굳은살이 만들어지고, 병을 이겨야 면역력이 만들어지듯 많은 시행착오를 통한 성취가 진정 내공 있는 유능성을 확보해 준다. 유능해지기 위해서는 어떠한 도전 앞에서도 망설이거나 주저함이 없어야 한다. 즉 실패에 대한 두려움, 걱정, 불안을 떨쳐 버릴 수 있어야 한다는 것이다.[31] 도전 없이는 시행착오도 없고, 성공도 없다. 도전 없이는 경험도 없고, 통찰도 얻을 수 없다. 도전 없이는 가질 수 있는 것이 하나도 없다. 하지만 이러한 도전을 망설이게 하는 것은 실패에 대한 두려움 때문이다. 이러하기에 유능성을 향상시키기 위해서는 실패에 대한 다른 관점의 접근이 필요하다. 실패에 대한 긍정적 접근이 시도되어야 한다. 즉 실패에 관대할 줄 알고, 실패를 스스로 장려 할 줄 알아야 한다.[32] 실패에 대한 관점은 전환은 다양한 도전을 가능케 하고 성공 확률을 높이게 된다. 언제까지 될까–안 될까를 주저하며 발만 동동 구를 것인가? 실패는 성공의 어머니이자 유능성을 향상시키는 중요한 요인이기도 하다.

---

31 Clifford, M.M. (1984). Thoughts on theory of constructive failure. Educational psychology, 19, 108–120.

32 Clifford, M. M. (1988). Failure tolerance and academic risk-taking in ten-to twelve-year-old student. British journal of educational psychology, 58, 15–27.

단 실패도 효율적으로 해야 한다. 회복이 힘들 정도의 실패는 개인적으로 치명적일 수 있다. 그래서 실패는 짧고 자주하는 것이 유능성을 향상시키는 데 효율적인 방법이 된다.

실패를 범하지 않고 있다면,
위험을 무릅쓰지 않고 있는 것이고,
아무런 목표도 이루지 못하고 있다는 뜻이다.

— 에이브러햄 링컨, 전 미국 대통령

Insight

인간은 누구나가 유능해지길 원하고 유능해지기 위해 노력한다. 또한, 타인으로부터 유능성을 인정받으면 자존감이 증가하고 행복해지며, 유능성의 훼손을 경험하면 좌절감과 고통을 느끼게 된다. 다시 말해 인간은 유능성에 대한 욕구를 가지며, 지속적으로 향상시키고자 하는 욕구는 강한 동기가 되어 행동을 활성화 시킨다.

그렇다면 유능성을 활성화시켜 궁극적으로 도달하고자 하는 목표점은 어디일까? 왜 지식을 쌓기 위해 공부하고, 숙련된 기술을 위해 노력하고, 실패를 무릅쓰고 도전하는가? 그것은 자신이 갈망하는 분야에서 최고가 되기 위해서일 것이다. 어느 분야의 최고의 권위자나 능력자가 되기 위해 자신의 역량을 불사르는 것이다. 우리는 주변에서 다양한 분야의 권위자를 만나게 된다. 그렇다면 어느 분야의 권위자로 인정을 받는 사람은 더 이상 향상시킬 능력이 없는 것일까?

유능성의 향상은 궁극엔 오리진origin 에 대한 도전으로 나타난다. 오리진이란 어느 분야의 최고가 아니라 최초로 분야를 개척한 사람을 말한다. 산의 정상에 올라본 이가 전체 산맥의 흐름을 살필 수 있듯, 어느 분야의 최고의 역량을 가진 권위자가 새로운 창조와 융합을 통해 오리진으로 거듭날 수 있는 것이다. 유능성은 끝없는 도전이고 도달할 수 없는 과녁이다. 다만 끊임없는 도전을 다 받아들일 수 있을 만큼 무한의 가능성을 내재하고 있는 것이다. 당신은 유능성을 향상시키는 가운데 오리진을 만나게 될 것이다. 오리진에 대한 경험은 유능성 향상에 대한 욕구를 만족시켜 주어 엄청난 가치와 행복을 안겨 줄 것이다. 또한, 지속적으로 유능성을 높이기 위해 몰입 할 것이다.

세상에 유일하게 존재하는 나.

이것 이상으로 개인을 흥분시키는 사건이 또 있을까?

스스로 동기부여가 가장 잘된 사람들은
자신을 뛰어넘는 큰 명분origin에 자신의 욕망을 건다.

− 다니엘 핑크, 미래학자 / 작가

MOTIVATION 10.0

M money

O object

T temptation

I incentive

V values

A approach & avoidance

T target

I image

O origin

N nature

Chapter 10

자연의
자율적인 순리
Nature

여기 세 명의 사람이 있다. 첫 번째 A씨는 평소에 운동하기를 매우 싫어하는 사람이다. 그는 가까운 거리도 자동차로 이동하고, 계단보다는 엘리베이터를 애용한다. 그는 내려올 것을 왜 힘들게 올라가는지 모르겠다며 등산의 비효율성을 강조한다. 땀 흘려 살을 빼는 것보다는 적게 먹을 것을 권하고, 운동을 하지 않아도 식이요법이나 약물 투입으로 건강을 유지할 수 있길 바란다. 두 번째 B씨는 공부하기를 매우 싫어하는 사람이다. 그는 세상에서 제일 재미없는 것이 공부하는 것이며, 책을 읽거나 교육받는 것을 매우 싫어한다. 수업시간이 너무 지루하고, 선생님의 말씀은 귀에 들어오지 않는다. 그는 지식 습득을 멀리하며, 오늘도 공부를 하지 않아도 되는 세상을 꿈꾼다. 세 번째 C씨는 게임하기를 매우 좋아하는 사람이다. 그는 시간이 허락하는 최대의 범위에서 게임을 한다. 잠도 줄이고, 먹는 것도 줄이고, 일상생활에 필요한 최소한의 행위를 제외하고는 게임에 몰두한다. 그는 세상에서 제일 재밌는 것이 게임이고 하루 종일 게임만 하고 살길 희망한다.

이 세 사람에게는 분명 문제가 있어 보인다. 지나치게 싫어하거나 ^{적극적} ^{회피}, 지나치게 좋아하는 ^{적극적 접근} 것에서 오는 불균형의 문제인 것이다. 이러한 불균형은 여러 가지 위험요인을 야기시키게 된다. 건강상의 위험, 사회부적응의 위험, 중독의 위험 등 자신의 행동 결과로 원치 않는 위험에 직면할 확률이 높아지는 셈이다. 하지만 이런 결과를 모를 리 없는 세 사람은 위험성에도 불구하고 자신의 행동을 지속하는 경향이 있다.

만약, 이들에게 자신의 잘못된 습관을 정당화할 수 있는 면죄부를 주게 된다면 어떨까? 쉽게 말해 이들이 자신이 원하는 데로 살 수 있도록 지지를 해 준다면 어떤 결과가 나타날까를 상상해 보자.

첫 번째 A씨에게는 절대 운동하지 말기를 권하고, B씨에게는 절대 공부하지 말기를 권하고, C씨에게는 평생 게임만 하고 살기를 권한다. 만약 이렇게 하면 그들은 잘 실천하면서 행복해 질 수 있을까? 그렇게 하고 살기를 원하는 사람들에게 이런 질문을 던진다면 선 듯 "예"라는 대답을 듣기는 힘들 것이다. 여기에는 '절대'라는 함정이 있기 때문이다.

'절대'는 '무슨 일이 있어도', '어떠한 경우에도'라는 의미의 강압이 있기 때문이다. 하기 싫은 운동이 해서는 안 되는 운동이 되고, 읽기 싫은 책이 읽어서는 안 되는 책이 되고, 하고 싶은 게임이 해야만 하는 게임으로 다가올 때 그것을 지속하고 싶은가의 문제는 생각보다 복잡하다. 내가 좋아서 할 때는 아무 문제가 되지 않고 스스로에게 만족스러운 행복감을 선사해 주는 상황도, 누군가에 의해 강요된 압력에 의해서 한다면 그것은 행복과 연결될 수 없다.

그 이유는 간단하다. 인간의 심리적 욕구 중 가장 강력한 자율성에 대한 욕구를 억제했기 때문이다. 아무리 좋은 것도 '스스로 선택해서 결정하고자 하는 마음'이 배제되면 더 이상 좋은 것이 아니다.

하나님은 인간을 자유롭게 창조하였다.
인간은 자신의 힘을 현명하게 사용하는 방법을 배우기 위해
자유롭지 않으면 안 된다.

— 이마누엘 칸트, 철학자

Part 3 내면에서 솟구치는 강렬한 에너지

자유에 대한 갈망

자유란 새에게 있어서는 날개와 같고 물고기에게 있어서는 지느러미와 같다. 새는 날개란 구조물에 의해 비로소 '새'다운 삶을 살 수 있는 것이고, 물고기의 지느러미도 필연적으로 물고기다운 삶을 살 수 있도록 해준다. 인간에게 있어서 최소한 인간답게 살 수 있는 구조적이며 필연적인 상태를 자유라 한다. 자유는 누구나가 갈망하는 것이며 이것에 대한 억압을 인식할 때 불행과 무기력함을 경험하게 된다.

인간은 매 순간 결정을 해야 하는 상황에 놓인다. 우리는 무엇을, 언제, 어디서, 어떻게, 언제까지, 누구와 함께해야 할지에 대해 고민하고 결정해야 한다. 이러한 무엇인가를 결정해야 할 때, 인간은 누군가의 강요나 환경적 억압 없이 스스로 의사 결정할 수 있기를 원한다. 또한, 그 결정이 자신의 가치와 흥미, 필요와 욕망과 긴밀하게 연결되길 희망한다. 무엇이 중요한지, 무엇이 필요한지, 무엇이 바른지를 스스로 선택하기를 원한다. 인간이 무엇인가 행동을 하고자 하는 시작점, 즉 동기의 출발점에서 스스로 선택하고 결정하기를 원한다는 것이다. 이렇듯 인간은 근본적으로 자율성에 대한 강력한 욕구를 가지고 있다. 자율성은 자신의 행동을 시작하고, 유지하고, 종료하는 가운데 자기 스스로 조절할 수 있는 것을 의미한다. 여기에서 조절은 행동의 방향 목표 과 강도 에너지 를 의미한다.

디씨와 라이언┃ Deci & Ryan에 의해 주장된 자기결정성 이론은 내재적 동기의 세 가지 유형을 유능성, 관계성, 자율성으로 규정하였고, 자기결정론의 핵심이 자율성이라 하였다. 그만큼 내재적 동기 가운데 자율적 동기는 중요하고 강력한 것이다. 매 순간 결정적 상황에 자기 스스로 선택하여 결정할 수 있는 마음은 강력한 동기 에너지를 가지기에 행동에 대한 열정과 몰입을 가져온다.

그렇다면 스스로 선택한다는 것은 항상 좋은 것일까? 인간은 선택에서 주도권을 가지길 원하는 동시에, 선택을 회피하고자 하는 양면성을 가지고 있다.

선택의
아이러니

원하는 동시에 원하지 않는다. 이 말은 아이러니가 아닐 수 없다. 인간은 누구나가 자율성을 원하기도 하지만 자율성을 회피하기도 한다. 원하는 것은 접근하려는 속성이 인지상정인데 원하는 것에서 회피하려드는 것은 모순이 아닐 수 없다. 무엇이든 다 뚫을 수 있는 창과 무엇이든 다 막을 수 있는 방패가 만나면 어떤 결과가 초래될까? 인간의 가장 기본적인 심리적 욕구인 동시에 인간을 불편하게 만드는 회피적 욕구이기도 한 선택에 대해 살펴보자. 선택권을 준다는 것은 분명 자율성을 부여한다는 의미이다.[33]

---

33 Flowerday, Y. & Schraw, G. (2000). Teacher beliefs about instructional choice: A phenomenological study. Journal of educational psychology, 92, 634-645.

하지만 선택 상황에 주어진 환경에 따라 자율성은 여러 방면에서 방해를 받는다.[34] 자율성을 부여하는 상황이 오히려 자율성을 방해하는 상황으로 역전되는 경우를 살펴보자.

첫 번째는 대의를 위한 선택상황이다. 대의란 거창한 말을 사용하였지만, 좀 더 진정성 있게 표현하자면 주어진 여건상 옳다고 판단되기에 선택하는 것을 의미한다.

쉬운 예로, 직장 선후배들끼리 점심식사를 하는 상황이 있다. 가장 고참인 선배가 식사값을 계산하기로 약속한 상황에서 "다들 먹고 싶은 것 먹어. 난 짜장면." 이라고 먼저 얘기를 꺼낸다면, 선택하는 사람 후배들 은 자율을 느낄 것인가? 아니면 강요를 느낄 것인가? 다른 예로 "우린 아무 것도 필요 없다. 연속극은 옆집 가서 보면 된다."는 TV광고에 나온 노부부가 아들을 향해 영상편지를 띄우는 내용은 선택의 자율인가 강요인가.

우리는 사회적 통념이란 테두리 안에서 스스로 원하지 않는 선택을 할 때가 많다. 이러한 선택은 비록 원하는 선택이 아닐지라도 선택하지 않는 것보다 선택하는 것이 여러 가지로 유리하기 때문에 선택하는 것이다. 먹기 싫은 짜장면을 선택함으로써 평탄한 직장생활을 선택할 수 있고, 어려운 형편에 부모님께 TV를 사 드리면서 그 이상의 가치를 얻을 수 있는 때문이다.

주말에 쉬고 싶지만 봉사활동을 한다든가, 다리가 아프지만 좌석을 노

34 Williams, S. (1998). An organizational model of choice: A theoretical analysis differentiating choice, personal control, and self-determination. General psychology monographs, 124, 465-492.

약자에게 양보한다든가, 아니면 자신의 수입에 비해 많은 기부금을 내는 행위 등이 여기에 속한다고 볼 수 있다. 진정한 자율성은 개인의 가치와 목표가 반영된 선택을 할 때 비로소 의미가 있다.

두 번째는 양자택일의 선택상황이다. 선택과정 중에 둘 중 하나라는 강력한 제약조건을 가하는 상황이다. 예를 들어, 재판정에서 법관들이 피고나 원고, 참고인에게 요구하는 답변 방식이 '예' 또는 '아니오' 로 요구하는 장면을 영화나 드라마를 통해 자주 본다. 분명 답변을 선택하는 자는 본인 스스로가 선택하지만 둘 중에 하나를 선택하라는 상황에서의 선택은 자율성 욕구와는 거리가 멀다.

결정은 '예스'와 '노'라는 양극단점을 이은 수평선상에 놓여있기 때문에, 명확하게 구분 짓기 쉽지만은 않다. 요가를 배울 것인가, 발레를 배울 것인가를 선택해야 하는 상황, 프랑스와 스페인 사이에서 여행지를 선택해야 하는 상황, 옷과 가방 사이에서 선물을 선택해야 하는 상황, 커피와 녹차 사이, 짜장면과 짬뽕 등과 같이 주어진 옵션들 중에서의 선택은 자율성 욕구의 충족과는 거리가 멀다.

무엇을 선택해도 이익과 손해가 공존한다고 느낄 때는 더더욱 그러하다. 그래서 '짬짜면'이란 선택이 우세하게 나타날 수 있는 것이기도 하다. 진정한 자율성은 양자택일의 옵션이 아닌 제한되지 않은 상태에서 전체적으로 스스로 선택할 수 있을 때 의미가 있다.

세 번째는 선택 자체가 고민인 선택상황이다. 흔히 선택 장애나 결정 장애로 표현되는데, 선택상황에서 어느 한쪽을 고르지 못해 괴로워하는 심리를 뜻하는 신조어이다. 다른 말로 햄릿증후군이라고도 하는데 '죽느냐 사느냐 그것이 문제로다'라는 명언에서 알 수 있듯이 현대인의 선택 상황에서 나타나는 내적 갈등의 어려움을 표현하고 있다.

현대인이 선택장애에 빠지게 된 이유는 몇 가지가 있다.

첫째, 차별화된 상품의 부재이다. 비슷비슷한 디자인, 성능, 가격의 제품이 너무 많이 공존하기에 무엇이 나에게 혜택을 줄 것인가가 고민인 것이다.

둘째, 차별화된 상품의 인식부족이다. 기능이 세분화되다 보니 각 상품별로 차별화 속성을 이해하는 데는 많은 시간과 노력이 소모된다. 근본적으로 이러한 노력이 귀찮은 것이다. 물론 상품에 대한 관여도가 높을수록 예를 들어 스마트폰, 노트북, 자동차, 헤어디자인 등 많은 노력을 투자하지만, 세상엔 그렇지 않은 상품들도 많다. 상품에 대한 이해에 걸리는 시간이 길다 보니 선택도 자연히 지연되기 마련이다.

셋째, 상품 평가의 모호성이다. 요즘은 다양한 평가 시스템들이 존재한다. 실제로 가까운 지인의 평가, 종업원의 추천, 전문가의 평가, 기관의 평가, 블로그, 추천지수 등 너무도 다양한 평가가 혼재하고 있다. 문제는 평가가 일관성이 없을 때 발생한다. 어느 평가를 믿고 결정해야 할지 모호하기 때문이다.

이러한 시간과 노력의 투자로 인한 불편함은 간혹 선택의 무기력으로 나타나기도 한다. 바로 '아무거나 증후군'이다. 선택 시 관여하지 않고 주어진 환경대로 순종하는 것이 선택의 스트레스보다 낫다는 판단에서 나오는 행동이다. 그래서 음료수에, 식당 메뉴에도, 선물 목록에도 '아무거나'라는 상품이 등장하기에 이른다. 간혹 선택의 자유는 주어진 상황에 복종하는 것보다 어려울 때가 많다.

선택을 결정할 수 있다는 것은 분명 자기결정이론을 바탕으로 한 자율성 욕구의 가장 중요 핵심이라 할 수 있지만, 과하게 또는 제한적 상황에서 부여된 선택에 있어서는 자율성 욕구 충족에 접근하지 못하고 있다.

상대방의 자유를 방해하지 않는 범위 내에서
자기의 자유를 확장하는 것,
이것이 자유의 법칙이다.
— 이마누엘 칸트, 철학자

자율성의 지지
VS
자율성의 통제

누군가를 동기부여 하기 위해 자율성을 어떻게 조절하는가는 매우 중요한 문제이다. 왜냐면 동기부여를 통해 얻은 결과는 같을 수 있지만, 상대방의 정서는 전혀 다를 수 있기 때문이다. 대부분의 사람들이 행동할 때는 그 결과가 정서적 만족이나 행복으로 귀결되길 원한다. 단지 결과의 성공 여부가 아닌 결과 후의 심리적 상태가 더 중요하다는 것이다.

타인을 동기부여 할 때 자율성의 지지와 자율성의 통제는 비슷한 결과치를 보고할 수 있지만, 정서적 만족이나 행복은 전혀 다른 결과치를 보고한다. 예를 들어 공부에 흥미가 없는 학생을 동기부여 시켜 성적을 올리고자 한다는 목표를 세웠다고 가정하자. 어떤 방법을 사용하느냐에 따라 자율성을 지지하기도 통제하기도 한다.

우선 자율성을 지지하는 입장에서 첫 단계는 학생이 공부에 흥미를 가질 수 있도록 상황을 파악하는 것이다. 예를 들어 비교적 좋아하는 과목이 무엇인지, 왜 그 과목이 좋은지, 평소에 흥미를 가지는 분야가 무엇인지, 평소 흥미 분야와 공부를 접목하는 방법이 무엇인지 고민하고 분석하는 단계이다.

두 번째 단계는 흥미롭게 공부할 수 있는 조건을 만들어 주는 단계이다. 평소 좋아하는 분야를 적극 지지하며 칭찬하고 가능성에 대해 호의적 평가를 해 주는 것이다. 또한, 흥미가 없는 분야라도 좋은 것을 더 잘하기 위해 조금씩 해야 할 이유에 대한 당위성도 설명한다. 즉 학생의 공부에 대한 관점을 수용하여 보다 더 효율적인 방법으로 공부할 수 있도록 돕는 것이다.

마지막 단계는 지속적으로 지지하는 행동을 보여주는 단계이다. 자율성을 지지하면서 동기부여를 한다는 것은 좀 더 많은 시간과 인내를 요구하는 것은 사실이다. 또한, 결과가 천천히 나타날 수도 있고, 부분적으로 부정적 결과 공부를 영 멀리하는 상황 가 나타날 수도 있다. 하지만 거의 대다수의 연구가 자율성을 지지했을 때 더 나은 수행 결과[35]와 정서적 만족을 경험한다고 보고하고 있다.[36] 더불어 이러한 결과는 매우 지속적이라는 것이 중요하다.

---

35 Ryan, R. M. (1995). Psychological needs and the facilitation of integrative processes. Journal of personality, 63, 397-427.

36 Ryan, R. M. & Deci, E. L. (2000). Self-determination theory and the facilitation of intrinsic motivation, social development, and well-being. American psychologist, 55, 68-78.

반면 자율성의 통제는 매우 **빠르게** 원하는 결과에 도달할 수 있도록 자극한다. 쉬운 예로 공부하기 싫어하는 학생에게 공부하는 대가로 달콤한 유인물을 제공하는 것이다.

책을 읽은 대가로 용돈을 지급하고, 문제집을 푼 대가로 선물을 사주고, 책상에 앉아 공부한 시간만큼 컴퓨터 게임을 할 수 있도록 해주는 등 달콤한 사탕으로 유인하는 것이다. 마치 물개가 점프에 성공할 때마다 생선을 하나씩 먹여주듯 말이다.

만약 이 방법이 안 통할 때는 권위를 가진 자의 영향력이 효과가 높다. 엄한 부모, 선생, 코치, 감독 등과 같이 영향력을 가진 사람의 직접적 통제는 힘을 발휘한다.

명령, 강압, 체벌, 압박 등의 영향력 행사는 무기력한 존재에게는 수용 외에는 답이 없기 때문이다. 하지만 두려움과 불안에서 벗어나기 위해 몸부림을 치듯 공부하게 된다면 우선의 목표 성적 향상 는 달성할 수 있을지 모르나 학생은 전혀 내적으로 동기부여 되지 않기 때문에 정서적으로 우울과 공포를 느끼며, 성과는 지속되기 어려울 것이다.

왜냐면 통제에서 벗어난 상황에서는 절대로 공부를 하지 않을 것이기 때문이다.

앞서 언급하였듯이 자율성의 지지를 통한 동기부여는 통제에 비해 많은 시간과 노력을 투자해야 하는 숙련의 길이다. 그래서 쉽고 **빠른** 통제의 유혹에 쉽게 넘어간다. 하지만 자율성을 지지하는 동기부여 방식은 기대 이상의 효과를 발생시킨다.

자율성의 지지는 인간의 기본적 심리 욕구인 자율성의 욕구, 유능성의 욕구, 관계성의 욕구를 증진시킨다. 자율성의 지지는 스스로 선택하고 결정하고자 하는 자율성 욕구의 충족은 물론, 남들과 차별화된 역량을 인정받고자 하는 유능성의 욕구와 사람들과 친밀한 관계를 유지하고자 하는 관계성의 욕구 또한 충족시킨다. 이러한 심리적 욕구는 내재적 동기를 활성화 시키고, 스스로에게 성장과 행복을 증진시키는 데 필요한 근본적 자양분을 제공하여 풍요로운 삶을 살도록 지지한다.

이렇듯 자율성의 지지를 통한 동기부여 방식은 개인의 삶을 지속적으로 성장시키는 데 중요한 역할을 한다. 하지만 자율성을 지지한다는 것은 생각만큼 간단한 것은 아니다.

지지한다는 것은 지지에 필요한 행위를 습득하는 것을 포함한다. 즉 마음으로의 지지가 행동으로 잘 드러나야 한다는 것이다. 우리는 마음과 행동이 일치하지 않는 경우를 자주 경험한다. 특히 자율성의 지지보다 통제에 대한 유혹이 내면에 도사리고 있는 한 행위의 조절은 더욱 어렵다.

부지불식간에 평소의 습성이 툭하고 튀어나오기 때문에 진정한 의미의 지지를 보이기 위해서는 마음뿐만 아니라 행위의 지지도 숙련되어야 한다. 진정으로 자율성을 지지하기 위해서는 어떤 노력을 기울여야 하는가? 또한, 무엇을 극복해야 하는가?

자율성을
지지하기 위한 노력

    습관을 고치는 것은 종교를 바꾸는 것만큼 어렵다 했다. 특히 통제적 습관이 몸에 밴 사람에게 지지적 형태의 습관을 몸에 장착시키는 것은 뻣뻣한 사람에게 살사댄스를 추게 하는 것만큼 어렵다.

    일부 문제아를 훈육하는 교사를 예를 들어 보자. 학교에서 문제아로 낙인찍힌 학생들은 공부에는 의욕을 보이지 않으며 교우관계도 원만치 않고 가끔은 부적절한 행동도 일삼는다. 이들 문제아의 훈육을 담당한 교사의 입장에선 만만치 않은 과제 앞에서 비장한 각오로 미션을 수행하려 들 것이다. 만약 교사의 훈육 방법이 자율성을 지지하는 형태인가? 자율성을 통제하는 형태인가에 따라 동기부여의 방법은 판이하게 달라질 것이다.

    우선, 훈육방법이 자율성을 통제하는 동기부여 방식을 취할 경우를 예상해 보자. 처음엔 매력적인 유인물로 학생들을 동기부여 시킬 것이다. 목표를 정해 놓고 수행 결과에 따라 적절한 보상 예를 들어 상이나 칭찬 또는 피자나 치킨 파티 등 을 주는 형태로 말이다.

하지만 이 방법이 먹히지 않을 때는 좀 더 강압적 방법이 자행된다. 매 시간 관리 감독하면서 시한을 정해 놓고 압박하고 지시하고 명령하게 된다. 만약 불복종 시에는 위협과 처벌까지 감행하게 된다. 이렇게 길들여진 학생들은 어쩔 수 없이 복종하거나, 또는 걷잡을 수 없게 일탈하기도 한다.

다음으로, 훈육방법이 자율성을 지지하는 동기부여 방식을 취할 경우를 예상해 보자. 우선 교사는 학생들의 심리적 욕구를 파악하려 노력할 것이다. 그들의 흥미는 무엇이며, 무엇을 할 때 가장 즐거워하는지를 세심하게 질문하고 관찰한다. 그리고 난 후 개인별 능력과 적성에 맞는 목표를 설정하고 단계적으로 잘 실천해 갈 수 있도록 지지적 언어와 행동을 보일 것이다.

학생들의 수행 과정에서 외재적 동기보다는 내재적 동기를 지속적으로 자극하여 스스로 자연스럽게 행동을 지속하도록 유도할 것이다. 원하는 훈육 결과가 나올 때까지 생각 이상의 시간과 노력이 필요할 수도 있고, 과정 중에 좌절도 경험하게 될 수 있다.

하지만 자율성을 지지하는 교사는 이러한 상황을 원망이나 비난하지 않고, 해결해야 할 문제로 인식하고 다각적 방법을 동원해서 노력할 것이다. 예를 들어, 부적절한 행동 도둑질, 폭행. 욕설 등 에 대처하는 자세가 '이제 행동에 책임을 져야 하는 나이이니까, 부적절한 행동의 대가로 처벌을 받아야 한다'라는 식의 협박보다는 '네가 이런 행동을 할 때는 이유가 있으리라 생각되는데, 어렵겠지만 말해 줄 수 있겠니? 널 도울 수 있으면 좋겠는데' 라는 형태의 관심과 애정을 보이는 형태로 행위를 조절할 것이다.

이런 훈육에 익숙해진 학생들은 점차 자기결정에 책임을 지는 자세를 취하기 위해 조금씩 변해가는 모습으로 다가올 것이다.

자율성의 지지가 장기적인 동기부여 관점에선 상당히 유효하다. 하지만 자율성을 지지하기 위해서는 숙련된 지지성향을 보여야 한다. 숙련된 지지 성향은 습관으로 정착되어 자연스러운 행위로 나타날 때 상대방에게 효력을 발휘한다. 즉 지지 성향은 꾸준한 연습과 노력으로 체화된 습관이어야 한다.

그럼 지지적 습관을 장착하기 위해서 어떤 노력을 해야 할까?

첫 번째 동기부여 대상자에 대한 포용적 태도를 가져야 한다. 동기부여 하려는 사람들이 때로는 무동기 전혀 동기가 없는 상태이거나 또는 부정적 태도 비난이나 불평 를 보이는 경우도 종종 관찰한다. 또한, 반항이나 저항을 하는 경우도 경험하게 된다.

반대로 강력한 동기가 발동되어 오로지 한 곳에만 몰입하여 주변을 살피지 못하는 경우도 관찰된다. 일차적으로 다양한 상황에 대한 그들의 태도와 행동을 이해하는 노력이 선행되어야 한다.

다음으로 그들의 입장에서 문제를 다시 해석해보고 근본적으로 원인을 해결하기 위한 노력이 뒤따라야 한다. 자신과의 다름은 잘못되었다는 생각의 편견을 접고 그들을 폭넓게 이해하려는 노력이 필요하다. 이해가 되지 않은 상태에서의 수용은 진정이 아니다. 그것은 오히려 회피나 무관심에 가깝다. 진정한 이해를 통한 인정과 수용이 상대에 대한 포용적 태도라 할 수 있다.

두 번째 동기부여 대상자에 대한 지지적 행위를 숙달하여야 한다. 자율성을 지지하는 사람들의 지지적 행위는 여러 가지 형태로 나타난다.

우선 대표적 특징은 경청의 자세이다. 상대를 동기부여 시키기 위해서는 상대를 파악해야 한다. 파악하기에 가장 좋은 방법이 경청이다. 경청은 상대가 마음속에 있는 이야기를 허심탄회하게 풀어낼 수 있도록 적극적으로 들어주는 방법이다. 눈을 맞추며, 상대의 말에 적절히 맞장구를 쳐주며, 상황에 맞는 리액션을 하고, 필요에 따라 메모도 하고, 고개를 끄덕여서 긍정을 표현하기도 한다. 마치 어린 아기의 옹알이에 화답하는 엄마의 마음처럼 진심을 다해 상대의 이야기를 들어주는 것이다.

대화의 첫 규칙은 듣는 것이다.

> 말을 하고 있을 때는 배울 수 있는 것이 아무것도 없다.
> 그래서 오늘도 나는 배우기 위해 상대의 말을 경청한다.
>
> – 넬슨 만델라, 전 남아프리카공화국 대통령

다음으로 지지적 행위는 적극적 질문 태도를 포함한다. 적극적 질문 태도는 질문을 받았을 때나 질문을 할 때 상대를 배려하는 행위를 말한다. 먼저 질문을 받았을 때는 하나, 질문에 대한 감사 표시. 둘, 질문에 대한 확인. 셋, 간단명료한 대답. 넷, 추가 질문에 대한 확인의 절차로 이루어진다.

예를 들어, 아주 좋은 질문에 감사드립니다. 이러한 부분에 대한 질문이시죠? 그 부분은 이렇게 설명됩니다. 추가 질문 있습니까? 와 같이 받은 질문에 대한 성의가 담긴 답변을 하는 것이다. 그럼 질문을 할 때의 태도는 어찌해야 될까?

우선 상대는 질문을 받게 되면 당황하게 된다. 그리고 선뜻 대답하지 못하게 된다. 이유는 자신의 대답이 틀리는 데서 오는 창피함이 두렵기 때문이다. 그래서 질문을 던질 때는 누구나가 쉽게 대답할 수 있는 안건을 준비하는 것이 좋고, 특별한 정답이 없는 것으로 정하는 것이 좋다. 예를 들어, 점심 뭐 드셨어요? 무슨 운동을 좋아하세요? 최근에 본 책은 무엇인가요? 등과 같이 쉬우면서도 정답이 다양한 질문이 좋다. 편하게 입이 열리면 그다음에는 질문의 수위를 높이더라도 덜 경직되게 답을 할 수 있게 된다. 격한 운동 전에 준비운동으로 몸을 풀듯이 말이다.

다음 지지적 행위는 객관적 관찰을 들 수 있다. 관찰은 누구나가 다 할 수 있는 것이지만 쉬운 것은 절대 아니다. 관찰은 주관적 견해가 바탕에 깔린 상태에서 상대를 관찰하게 되면 정보를 오해나 왜곡하게 될 확률이 높아진다. 즉 편견 없이 있는 그대로를 서술하고 이해하려는 노력이 필요하다. '딱 보니 그럴 것 같더라'는 표현은 '나는 내 멋대로 당신을 왜곡하고 있소' 라는 지극히 주관적 편견 오류라 할 수 있다. 공부 잘하는 놈이 활발히 움직이면 적극적인 것이고, 공부 못하는 놈이 활발히 움직이면 설치는 것이라는 지극히 주관적인 오해와 왜곡이 고스란히 다른 사람에게 전달되면 파장은 더 심각하게 된다.

이같이 자율성의 지지를 통한 동기부여 방법은 머리가 아닌 마음이 시켜 몸이 하는 것이다.

자율성과
창의성의 관계

경제적 인센티브가 창의성을 파괴한다.

– 다니엘 핑크, 미래학자 / 작가

요즘 시대가 원하는 인재상은 단연 창의적 인간일 것이다. 창조와 융합이 시대적 키워드로 작용하는 요즘, 인간이 가진 창의성의 개발은 필요가 아닌 필수의 단계로 접어들었다. 최근 인간의 창의성을 향상시키기 위한 다각적 분야에서 심도 있는 연구들이 진행되고 있다. 그 가운데 가장 주목받는 내용은 인간의 창의성은 일반적으로 내재적 동기에 의해 활성화되고 그 결과 창의성의 향상이 보고된다는 것이다.[37] 즉 삶에서 관계성, 유능성, 자율성을 추구하는 것이 창의력 향상에 중요한 원인이란 것이다. 우리는 감시를 받거나, 조종을 당하거나, 평가받거나, 강요나 억압에 시달릴 때 심각한 내재적 동기의 훼손을 경험하게 되고, 이는 창의력의 파괴로 이어진다.[38]

---

37 Amabile, T. M. (1983). The social psychology of creativity. New York: Springer-Verlag

38 Amabile, T. M. (1985). Motivation and creativity: Effect of motivational orientation on creative writers. Journal of personality and social psychology, 48, 393-399.

또한, 결과에 따른 경제적 유인물 수당. 상금. 포상. 체벌 등도 창의성을 파괴한다고 보고한다. 이는 돈을 넣어야 물건을 주는 자판기같이, 유인물 없이는 능동적으로 행동하지 않으려는 잘 못 길들여진 습성 탓이다.

앞선 예에서 설명하였듯이 공터에서 공놀이하는 아이들에게 외재적 보상 공놀이할 때마다 1달러씩 지불이 차단되자 아이들은 공놀이에 대한 흥미를 잃고 더 이상 공놀이를 하지 않게 되듯, 외재적 보상은 재미와 흥미의 차원을 보상에 대한 대가로 전락시키는 원인을 제공하였다.

유사한 예로 창작활동을 하는 미술 작가들을 두 그룹으로 나누어 서로 다른 미션을 수행하는 과제를 주었다. A그룹은 예술 작품을 만드는 과정에 클라이언트의 구체적인 개입이 있는 상황이었고, B그룹은 자율적으로 작품 활동을 권장하는 상황이었다. 작품이 완성되고 두 그룹 간의 창작성에 대한 전문가의 평가가 있었다. 결과는 개입이란 통제가 있었던 A그룹보다 자율성이 지지된 B그룹의 창의성이 훨씬 높게 평가되었다. 이런 결과는 책을 읽을 때나, 성적을 올릴 때, 운동을 할 때 등, 여러 경우에 마찬가지로 일어난다. 기대된 유형적 보상 만약 이 일을 잘 수행하면 내가 원하는 보상을 받을 것이란 확신이 자율성을 훼손시키고 지속성을 감퇴시키고 창의성을 파괴하게 된다.

인간은 흥미나 즐거움,
만족 및 도전에 의해 자율적으로 동기화될 때,
가장 창의적일 수 있다.

— 테레사 엠마빌, 하버드비즈니스스쿨 교수

그런가 하면 자율성의 통제가 창의력을 향상시키는 경우도 있다. 이 경우는 무한대의 자유를 부과하는 대신 제한된 자유를 부과하는 경우이다. 경영학을 전공하는 대학생들에게 5명이 팀을 짜서 창업할 수 있는 아이템에 관한 아이디어를 적어내게 했다. 금액과는 상관없이 다양한 창업 아이템에 대해 구체적으로 기술하게 했는데 주어진 1시간 안에 적어낸 아이템의 수는 평균적으로 50여 가지로 나타났다.

같은 과제로 이번에는 산업을 구분하였고 5가지, 금액을 구분하였다 5가지. 그러자 1시간 안에 창업 가능 아이템 수가 100여 가지로 기술되었다. 이것은 제약조건 자율성의 통제 이 생각을 좀 더 구체적이고 정교하도록 도와준 것이다. 다시 말해, 자율성 안에서의 부분적 통제는 아이디어를 쪼개어 창의성을 더욱 정교하게 만들어 준다.

예를 들어, 집들이 선물 목록을 준비할 때 금액에 따라, 선물 구매하는 장소에 따라, 선물 받는 사람의 취향에 따라 두루마리 휴지에서 고급 와인에 이르기까지 다양하게 제안될 수 있다. 표면적으로 휴지와 와인은 상관관계가 없어 보이나, 집들이 선물 목록에서는 아주 상관관계가 높다. 다양한 제약조건이 아이디어를 쪼개게 하였기 때문이다. 이는 곧 창의력을 향상시키는 또 다른 조건의 발견인 것이다.

종합적으로 살펴보면, 내재적 동기 관계성. 능력성. 자율성의 욕구 가 창의성을 높이는 것은 사실이나, 창의력 증진을 위해 부분적 자율성 억제 제약조건 도 때에 따라 필요하다.

자유와 자연

모든 현상과 사물은 자연의 법칙을 따른다. 인간도 여기에 예외일 수 없다. 자연 세계 속에서의 인간은 자유를 추구하도록 본능적으로 태어났다. 철학 기반의 자유에 대한 해석은 자연의 필연성을 인식하고 이것을 활용하는 것이라 하였다. 철학자 흄은 모든 자연법칙은 원인과 결과 사이의 필연적 연결이라 주장하였다. 즉 자연 필연성이란 인과관계의 필연성을 의미하는 것이다. 다시 말하면 자유란 자연 세계 속의 인과관계의 필연성을 이해하고 그 순리에 맞게 행동하는 것이라 할 수 있다.

근대 철학자 칸트는 '너의 의지의 준칙이 항상 동시에 보편적 법칙 수립의 원리로서 타당할 수 있도록, 그렇게 행위 하라'고 일렀다. 여기서 준칙이란 개인적인 차원에서 행동의 원칙을 의미하고, 보편적 법칙이란 모두에게 적용되는 행동의 원칙을 의미한다. 즉 개인의 행동 원칙이 모든 인간의 행동 원칙 기준에 타당하도록 행동하라는 것이다.

그렇다면 여기서 보편적 법칙의 기준이 되는 것은 무엇일까? 어떤 격률 _{행위의 규범이나 윤리의 원칙}적 기준이 가장 보편타당한 행동원칙이 되는 것일까? 시대가 변하고 문화가 다양하고 적용되는 기준이 헤아릴 수 없이 많은데 보편타당한 행동원칙이란 틀을 어떻게 규정할 것인가?

저자는 보편타당한 행동원칙의 틀을 자연의 필연성에서 찾고자 한다. 자연은 원인과 결과의 필연적 관계라 설명하였고, 자유는 자연의 필연성,

즉 인과관계의 필연성을 이해하는 것에서부터 시작한다.

칸트는 자유의 근원적 의미를 '스스로 말미암음'이라 하였고, 이는 곧 어떤 사건 사태 을 최초로 유발시킴, 즉 '최초의 원인'이라 하였다. 자연법칙이 원인과 결과의 무한한 반복적 인과관계의 연결이란 관점에서 '최초의 원인'이란 자유의 의미는 자연 가운데서 찾을 수 없는 것이다. 그래서 칸트는 자유를 자연 세계에 존재하지 않는 초월적 이념이라 설명하였다. 그럼에도 불구하고 칸트는 모든 인간의 행위는 자유의 바탕 위에서만 가능하다고 주장하였다. 즉 자율성 욕구는 인간 행동을 원초적으로 지배하는 것이고 자연이란 무한한 세계에 대한 이해를 바탕으로 이루어져야 한다. 그리고 자연 안에서 일어나는 모든 일들은 자연법칙의 순리에 따른다는 것이 칸트의 이론이다.

인간은 본능적으로 자유를 추구하고, 그 자유의 실천은 자연법칙의 순리 안에서 이루어진다. 그렇다면 보편타당한 자연법칙은 무엇일까?

결국, 인간의 가장 강력한 자율성의 동기를 이끌어 내는 자연의 법칙에 대해 생각해 볼 필요가 너무도 명백히 존재하게 되는 것이다.

> 도(道)는 항상 하는 것이 없지만, 하지 않는 것도 없다.
> 자연의 도를 따라 지켜나가면
> 만물은 저절로 생겨나고 발전할 것이다.
> 자연은 욕심을 부리지 않는다.
> 욕심이 없으니 천하는 저절로 바르게 선다.
> – 노자 [도덕경 37장]

자연의 6가지 법칙 - NATURE

N   Never-Ending 끊임없이 이어지는

A   autonomous 스스로 자율적인

T   True 진정으로 참된

U   Useful 도움을 베푸는

R   Refresh 생기를 되찾아주는

E   energetic 활기가 넘치는

신은 서두르지 않는다.

– 안토니오 가우디, 스페인 건축가

자연의 보편타당한 법칙을 감히 논한다는 것은 인간 능력을 초월한 행동에 대한 도전일 수도 있다. 만물의 진리를 어찌 감히 몇 자의 글로 논할 수 있겠는가만은, 이러한 서툰 도전으로 사람들이 자연을 더욱 잘 이해할 수 있다면 그 일은 바람직하다 본다. 그래서 저자는 자연의 자연법칙을 자연의 순리에서 찾아 Nature로 풀어보았다.

자연 속에서만 존재할 수 있는 인간은 자연의 필연적 인과관계 속에서 막대한 영향을 받으며 살아간다. 자연은 끊임없이 이어지는 인과관계의 순환이다. 그 순환 속에서 인간은 느끼고 배우고 창조하며 사는 것이다.

자연은 스스로 자율적으로 움직인다. 해가 뜨고, 비가 오고, 바람이 부는 것과 같이 자연의 일상은 통제가 없는 자연 스스로의 움직임, 즉 순리이다.

자연은 존재 자체가 참이다. 자연은 진정으로 참되지 아니한 것이 없다. 그것을 거스르는 인간의 악행이 참을 훼손하는 것이다.

그리고 자연은 유익하다. 인과관계의 선순환을 위한 전제는 원인이 결과에 미치는 영향이 유익해야 선순환이 이루어진다. 떨어진 낙엽이 썩어 거름이 되어 이듬해 더욱 튼튼한 싹을 틔울 수 있도록 도와주듯이 말이다.

자연은 스스로 정화하면서 생기를 높여준다. 물은 흐르면서 더 맑아지고, 바람을 불면서 상쾌해지고, 흙은 생명을 품으면서 더욱 풍요로워진다.

마지막으로 자연은 항상 활기가 넘친다. 조용해도 조용한 것이 아니고, 움직이지 않아도 움직이지 않는 것이 아니다. 자연은 가만히 움직이며, 그 움직임은 만물을 저절로 바르게 한다.

인간의 자유에 대한 욕구는 이렇듯 말로 다 표현할 수 없는 자연의 순리에 타당하게 행동해야 한다. 그렇게 될 때 진정 자유는 편안하게 나에게 스며드는 것이다.

자유는 스스로 자신을 자유의 몸으로 이끌어
나아갈 만한 사람에게 깃든다.

— 이마누엘 칸트, 철학자

Insight

    인간이 움직이는 동기 가운데 가장 강력한 동기는 자발적 동기, 즉 내재적 동기이다. 인간은 사람들 간에 좋은 관계를 형성하고 유지하고자 하는 욕구, 남들과 차별화된 능력을 인정받고자 하는 욕구, 그리고 자기 스스로 삶의 주인이 되어 선택하고 결정하고자 하는 자율성 욕구를 가진다. 그중 가장 강력한 욕구는 자유에 대한 욕구이다. 자유는 스스로 선택할 수 있는 상황 내지는 의지를 포함한다.

    이런 차원에서 자유는 크게 두 가지로 구분이 된다. 첫째, 스스로 선택할 수 있는 상황적 자유이다. 상황적 자유는 내가 원하는 것을 선택할 수 있는 상황 조건이나 여건 일 때 추구할 수 있는 자유를 말한다. 사고 싶은 것을 살 수 있는 여건이 갖추어진 조건에서 원하는 물건을 구매하는 것, 만나고 싶은 사람이 동의한 상태에서 만나는 것, 취미활동을 할 수 있는 시간과 돈이 있는 상태에서 맘껏 취미생활을 누리는 자유 등이 여기에 속한다. 상황이 주어지는 한 자유롭게 개인이 원하는 것 욕망, 욕구, 필요 을 선택할 수 있는 자유이다. 그렇기 때문에 상황 조건 이 주어지지 않으면 선택할 수 없는 자유이기도 하다. 선택의 자유가 박탈될 때는 무기력함과 불행을 경험하게 된다. 그래서 인간은 조건을 충족시키는 사람이 될 수 있도록 노력한다. 자율성 욕구를 충족시키기 위해 능력을 키우기도 하고 인간관계를 향상시키기 위해 노력하는 것이다.

둘째, 스스로 선택하는 의지적 자유이다. 의지적 자유의 주체는 나 자신이다. 주어진 상황이나 조건이 아닌 어떤 상황에서든 자신의 의지대로 선택하는 자유를 말한다. 이는 동일한 상황에서 어떠한 태도 어떤 상황이나 여건에 대하는 마음가짐 를 선택하느냐의 문제이다. 만약 비가 오는 상황을 예를 들어, '비가 와서 눅눅하고 불편하다'라는 마음을 선택할 수도 있고, '비가 와서 대지가 촉촉하고 풍요롭다'라는 마음을 선택할 수도 있다. 전자는 부정적이고 우울한 정서의 선택이고, 후자는 긍정적이고 밝은 정서의 선택이다. 이러한 선택의 태도는 궁극엔 행복으로 귀결된다. 다시 말해서 의지적 자유는 같은 상황에서 행복을 선택할 수도 불행을 선택할 수도 있는 것이다. 그것은 선택의 주체가 나 스스로이고, 어떠한 외부적 압력도 나의 의지를 침범할 수 없다는 강력한 신념에서 나오는 것이다.

나치 수용소에서 인간이 느낄 수 있는 최악의 불안과 공포 속에서 살아나온 벤저민 프랭클린은 다음과 같이 말했다.

"한 인간으로부터 모든 것을 다 빼앗아 갈 수 있다. 하지만 인간이 가진 자유 중에서 최후의 자유는 빼앗을 수 없다. 그것은 바로 삶에 대한 자신의 태도는 자신이 선택할 수 있는 자유다."

그는 자서전을 통해 궁극적으로 자유를 선택할 수 있는 권한은 자기 스스로에게 있다고 권하면서, 상황적 자유보다는 의지적 자유를 강조하였다. 즉 어떤 상황에서도 개인의 행복을 키워 줄 수 있는 선택을 통해 진정 자유를 만끽할 수 있기를 바라면서 말이다.

이 책을 읽는 것도 자신이 선택한 자유의지이고, 이 책을 통해 무엇인가를 배우는 것도 자신이 선택하는 자유의지이다. 인간의 자유에 대한 욕구는 커다란 동기가 되어 오늘도 자연이란 필연적 인과관계 안에서 움직임을 지속하게 하는 원동력이 되고 있다. 결국은 동기의 지향점은 행복에 귀결된다. 더 많은 행복을 누리기 위해 인간은 움직이고 그 움직임을 멈추지 않는 것이다. 다만 자연의 순리에 역행하지 않으면서 말이다.

모든 사람은 행복을 추구하며 여기에는 예외가 없다.
행복은 모든 행동의 동기이다.
— 블레즈 파스칼, 프랑스 수학자

사람은 무엇 때문에 움직이는 것일까?

행동 뒤에 숨은 배후를 알아차린다는 것은 쉬운 일이 아니다. 남은 물론이고 나 자신조차도 왜 이런 행동을 하는지가 의아스러울 때가 많았다. 저자는 행동의 주체인 나 자신조차도 망각하고 있는 움직이는 에너지의 실체를 찾기 위해 노력했다. 그 결과 큰 세 가지의 방향에 대해 알게 되었고 그 방향들을 구성하고 있는 다양한 이유에 접근할 수 있었다. 또한, 그것들이 MOTIVATION이란 퍼즐에 하나하나 끼워 맞춰질 때마다 이루 말할 수 없는 쾌감을 느꼈다. 로또의 번호가 하나하나 맞춰져 갈 때의 쾌감과 비슷하다고 할까? 동기에 대해 긴 여정을 마무리하려 하니 새삼 동기에 대해 더 깊은 연구를 지속하고 싶은 욕심이 생긴다. 그만큼 동기란 매력적인 연구 분야인 것 같다. 모티베이션 10.0을 기초로 더 심도 있는 연구를 지속할 것을 나 자신에게 맹세하면서 부족함을 깨달을 수 있는 지혜와 그것을 채우고자 하는 용기에 감사한다.

동기의 세 가지 큰 방향성은 에너지가 외부에서 제공되는 것, 에너지가 지향하는 경향성, 에너지가 내부에서 생성되는 것으로 나누어진다. 우리는 이 세 가지의 방향에 대해 알아둘 필요가 있다. 이러한 지식은 나 자신을 지속적으로 성장시키는 중요한 지혜가 될 것이기 때문이다. 저자는 개인적으로 10장 Nature를 집필할 때 가장 행복했다. 9장까지 지식을 채워오면서 드디어 10장에서 통괄적으로 완성된다는 느낌을 강하게 받았기에 마음에 시원한 바람이 불어오듯이 풍요한 행복감을 느꼈다. 그러면서 저자가 느낀 행복감을 공유할 수 있다면 얼마나 좋을까? 하고 책에 대한 착한 욕심을 내보는 것도 사실이다. 죽어서 호랑이는 가죽을 남기고 사람은 이름을 남긴다. 하지만 살아서는 사람은 족적을 남긴다. 걸어온 흔적들. 저자의 인생에 동기란 족적을 남길 수 있어 영광스럽다. 더불어 같은 분야에 다른 족적을 남기신 많은 선배님들께도 감사한다. 그분들이 있었기에 내 존재도 약간의 의미를 찾을 수 있는 것이다.

무엇이 나를 움직이게 하고 무엇이 나의 행동을 지속하게 하는가에 대한 해답에 접근하고자 하는 욕구가 저자로 하여금 모티베이션 10.0을 잉태하게 하였다. 내 안에서 꿈틀대는 동기들을 하나하나 정리하면서 순산을 기원했다. 이제 막 세상에 나온 새로운 가치의 생명체인 모티베이션 10.0에 지속적인 관심과 격려를 희망하면서 마지막 통찰의 말로 이 여정을 마치려고 한다.

동기는 무엇인가에 의해 유발될 때보다 자기 스스로에 의해 발현될 때 더욱 강력하다.

"동기는 유발하는 것이 아니라 스스로 발현하는 것이다."